FRECHE KLAMOTTEN
für COOLE KIDS

selbst nähen

FRECHE KLAMOTTEN
für COOLE KIDS
selbst nähen

Kirsty Hartley

Für meine drei kleinen Wilden: Lila, Silva und Ewan,
die vor Lebensfreude und Fantasie sprühen und meiner Kreativität Flügel verleihen.

Inhalt

Vorwort

Ich habe schon immer gern geschneidert, darum lag es nahe, meinen Alltag als Mutter, meinen Beruf als Modedesignerin und meine Leidenschaft fürs Selbermachen zusammenzubringen und mein Label »Wild Things« zu gründen. Ich wollte Kinderkleidung mit Herz und Seele entwerfen und begann mit einigen Kleidern für unsere Töchter Silva und Lila, die Sie als Models in diesem Buch noch kennenlernen. Hier präsentiere ich Modelle, die Ihre Kinder lieben werden, die problemlos nachzunähen sind und die viel Spielraum für die eigene Kreativität lassen.

In meiner Kindheit in den 1970ern trug ich selbst genähte, praktische Kleidung. Das Nähen habe ich früh gelernt. Meine leider verstorbene Großmutter Florence besaß einen faszinierenden begehbaren Kleiderschrank voll interessanter Kleider und Hüte sowie einen Nähkasten, der für mich eine wahre Schatztruhe war. Meine Mutter zeigte mir geduldig den Umgang mit Papierschnitten. Jetzt sind es meine Kinder, die mich auf immer neue Ideen bringen.

In diesem Buch präsentiere ich eine Auswahl an alltags- und spieltauglichen Kleidungsstücken, die fröhlich aussehen und die Fantasie der Kleinen anregen. Die Modelle sind stark vom schlichten skandinavischen Design beeinflusst, aber auch von nostalgischen Kindheitserinnerungen. Sie sind so einfach, verspielt und farbenfroh, dass Kleine und Große Spaß an ihnen haben werden. Es ist ungemein befriedigend, hübsche Kinderkleidung selbst zu machen, zumal man damit auch Traditionen am Leben erhält – beispielsweise das Weitervermitteln von Techniken und Fertigkeiten oder das Recyceln von Stoffen und Kleidung. Wenn Sie aus einem getragenen Lieblingskleid, das schon bessere Zeiten gesehen hat, ein neues Kinderkleid nähen, schonen Sie die Umwelt und kreieren ein absolutes Unikat. Ebenso einzigartig werden auch die Modelle aus diesem Buch, denn die Stoffe und Accessoires suchen Sie ja selbst aus.

Die Schnittmuster für Kinder von sechs Monaten bis sechs Jahren liegen diesem Buch bei. Alle sind sehr vielseitig und können nach Lust und Laune variiert werden. Auch die Vorlagen (ab Seite 196) können Sie beliebig kombinieren oder für ganz andere Modelle verwenden.

Sie finden in diesem Buch einfache und etwas schwierigere Projekte. Aber selbst wenn Sie wenig Übung haben: Trauen Sie sich! Auf absolute Präzision kommt es nicht an und kleine Ungenauigkeiten sind ein charmantes Merkmal von Handarbeit.

Vertrauen Sie auf Ihre Kreativität, dann werden Ihre Kinder sich wünschen, nie aus diesen niedlichen Modellen herauszuwachsen.

Und los geht's!

INSPIRATION

Egal, wie viel Näherfahrung Sie haben: Mit diesem Buch möchte ich Ihnen Lust machen, Kinderkleidung zu schneidern, die der Nachwuchs gar nicht mehr ausziehen will. Lassen Sie die Kinder bei der Auswahl von Stoffen, Farben und Motiven mitreden und zeigen Sie ihnen auch, wie die Modelle allmählich Form annehmen. Vielleicht springt der Funke über und die Kinder werden von der Freude am Selbermachen angesteckt.

Als ich ein Kind war, nähte meine Mutter schon für mich. Viele ihrer Modelle waren der Mode weit voraus und ich wartete immer schon gespannt auf das Geburtstagsgeschenk meiner Lieblingsgroßtante, die Handarbeiten liebte und eine Meisterin der Granny Squares war. Wer hätte damals gedacht, dass die bunten Vierecke nach so vielen Jahren eine Renaissance erleben würden!

SPASS

Das Wichtigste ist der Spaß an der Sache. Nehmen Sie sich Zeit und gehen Sie die Schneiderei ganz entspannt an. Fehler passieren und sind kein Grund zum Aufgeben. Einfache Techniken sorgen für schnelle Erfolge. Wenn Sie gern nach Anleitung arbeiten, finden Sie in diesem Buch alles Nötige. Wenn Sie lieber improvisieren, verwenden Sie die Schnittmuster als Grundlagen für eigene Ideen. Gesichter und andere Elemente können Sie nach Belieben mixen und mit anderen Modellen kombinieren, um Unikate mit Ihrer eigenen, kreativen Handschrift entstehen zu lassen.

GRUNDAUSSTATTUNG

- ⊕ Nähmaschine und genügend Maschinennadeln für verschiedene Stoffe
- ⊕ Bügelbrett und Dampfbügeleisen
- ⊕ Schneiderschere, die gut in der Hand liegt
- ⊕ Kleine Handarbeitsschere für Feinarbeiten wie Applikationen
- ⊕ Nahttrenner
- ⊕ Stecknadeln oder Wonder Clips
- ⊕ Nähnadeln zum Nähen von Hand
- ⊕ Schneiderkreide oder auswaschbarer Textilstift
- ⊕ Langes Lineal oder Schneiderwinkel
- ⊕ Maßband
- ⊕ Platz! Nicht nur zum Arbeiten, sondern auch zum Denken. Am besten den Esstisch abräumen.

KEINE ANGST VOR DER MASCHINE

Für Einsteiger ist die Nähmaschine oft ein geheimnisvolles technisches Wunderwerk. Lassen Sie sich nur nicht einschüchtern, sondern lernen Sie Ihre Maschine gut kennen. Blättern Sie im Handbuch und üben Sie das Einfädeln, das Einstellen der Fadenspannung und den Nadelwechsel. Probieren Sie verschiedene Stiche auf einem Stoffrest aus. Oder – noch besser – lassen Sie sich die Tricks und Kniffe von einer Freundin zeigen.

PLATZ SCHAFFEN

Schaffen Sie sich ausreichend Platz zum Denken und eine freie Arbeitsfläche, selbst wenn Sie nach dem Nähen alles wieder wegräumen müssen. Die Modelle in diesem Buch sind zwar recht klein, aber eine geräumige Arbeitsfläche zum Zuschneiden ist ein absolutes Muss.

AUS ALT MACH NEU

Oft genügen schon Kleinigkeiten, um ein Modell aufzupeppen. Sammeln Sie Materialien in einer Kiste: Kleidungsstücke zum Recyceln, bunte Knöpfe oder Applikationen. Durch solche Details mit Geschichte bekommen Ihre Kreationen besonderen Charme und einen ganz eigenen Charakter.

VERARBEITUNG

In meiner Ausbildung habe ich gelernt, wie wichtig die sorgfältige Verarbeitung ist. Jede Naht wird sofort gebügelt, Vorbereitungen werden zwischendurch erledigt. Nähen Sie zuerst kleine Teile und legen Sie die größeren sauber gefaltet bereit. Wenn etwas schiefgeht, nicht gleich aufgeben! Machen Sie eine Pause, dann trennen Sie die Naht auf, bügeln den Stoff und versuchen es wieder.

HINWEIS

Die Schnittmuster liegen dem Buch bei. Wenn Sie nur Zeit für kleine Projekte haben oder ganz bald ein Geschenk für die Lieblingsnichte brauchen, kaufen Sie ein unifarbenes Basiskleidungsstück, etwa ein Hängerchen oder einen Kapuzenpulli, und verwandeln es in ein Tiermodell.

STOFFE

Seit das Nähen wieder hoch im Kurs steht, wurden viele neue Stoff-geschäfte eröffnet. Auch im Internet findet man jede Menge toller Onlineshops, außerdem Blogs von talentierten Schneiderinnen, die ihre Ideen, Tipps und Tutorials teilen. Onlineshops bieten meist ein breites Angebot hübscher Baumwollstoffe, viele Händler verkaufen auch kleine Mengen und die Lieferzeiten sind normalerweise kurz. Trotzdem emp-fiehlt es sich, einmal ausgiebig in einem konventionellen Stoffgeschäft zu stöbern, um die Vielfalt der Faserzusammensetzungen und Webarten genauer in Augenschein zu nehmen. Wenn Sie die Modelle aus diesem Buch möglichst genau nachnähen wollen, orientieren Sie sich bitte an den Angaben zu Stoffart und Menge bei der jeweiligen Anleitung. Für Kleidung verwendet man entweder gewebte oder gewirkte (ge-strickte) Stoffe. Gewebte Stoffe sind formstabil und eignen sich darum besser für Einsteiger. Elastische Stoffe wie Jersey, Interlock und Fleece müssen mit einem speziellen Stretchstich genäht werden, damit die Nähte nicht reißen, wenn der Stoff gedehnt wird. Alternativ kann meist auch ein leichter Zickzackstich verwendet werden.

HINWEIS

Baumwollstoffe für Patchworkarbeiten haben oft schöne Muster. Sie werden manchmal als sogenannte Fat Quarters angeboten, das sind fertige Zuschnitte von ca. 45 × 55 cm Größe. Grundsätzlich sind diese Stoffe für Kinderkleidung geeignet, beim Zuschneiden kann aber mehr Verschnitt anfal-len als bei Stoff, der als Meterware vom Ballen abgeschnitten wird. Falls Sie Fat Quarters verarbeiten möchten, können Sie sich nicht an den Mengenangaben in der Anleitung orientie-ren, sondern müssen den Bedarf selbst berechnen.

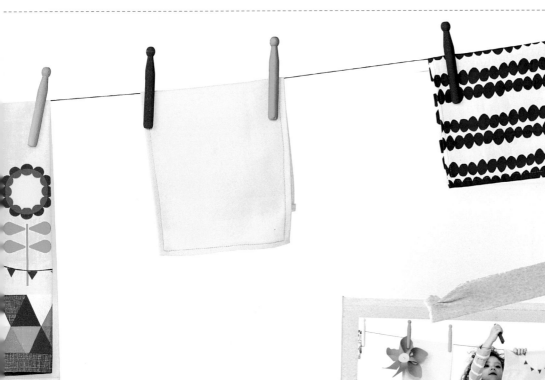

ONLINE

In unserer schnelllebigen Welt haben immer
mehr Menschen das Bedürfnis, einmal abzu-
schalten und etwas Kreatives zu tun. Auch das
mag einer der Gründe dafür sein, dass so viele
Menschen das Nähen für sich entdecken. Das
Internet bietet schnellen Zugriff auf eine schier
überwältigende Menge von Ideen, Blogs, Tutorials
und Onlinemagazinen sowie auf viele Shops, in
denen man Stoffe und Nähzubehör kaufen kann.
Vielleicht haben Sie auch Lust, sich auf Etsy,
DaWanda oder anderen Online-Marktplätzen
von den selbst gemachten Produkten anderer
kreativer Menschen inspirieren zu lassen.

Material
& Technik

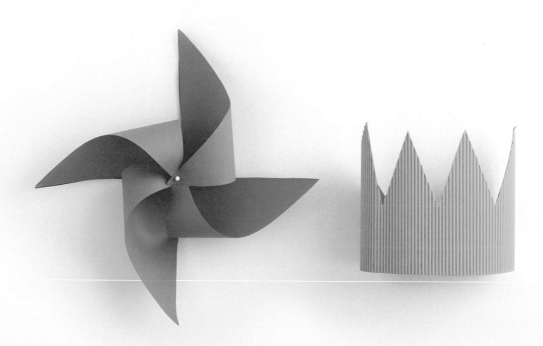

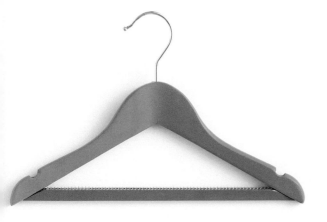

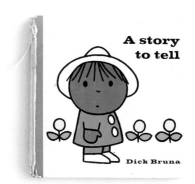

A story
to tell

Dick Bruna

APPLIKATIONEN

Der Begriff appliqué kommt aus dem Französischen und beschreibt in der Schneiderei eine Dekoration, die aus Stoff ausgeschnitten und auf einen anderen Stoff aufgenäht wird. Traditionell wurden Applikationen mithilfe von Papierschablonen zugeschnitten und in mühsamer Handarbeit aufgenäht. Einfacher geht es mit speziellem Applikationspapier oder Haftvlies zum Aufbügeln. Das Haftvlies fixiert das Motiv vorläufig auf der Basis, aber erst durch Nähen entsteht eine haltbare Verbindung. Haftvlies gibt es in verschiedenen Stärken, wodurch der Stoff mehr oder weniger versteift wird. Bitte beachten Sie beim Aufbügeln die Temperaturhinweise des Vliesherstellers.

1. Das Motiv spiegelverkehrt auf das Trägerpapier des Haftvlieses zeichnen.

2. Das Motiv exakt (also ohne Nahtzugabe) ausschneiden.

3. Ein Stück Stoff, das rundum etwas größer als das Motiv ist, mit der linken Stoffseite nach oben auf das Bügelbrett legen. Das Haftvlies auflegen (Trägerpapier oben) und aufbügeln.

4. Das Trägerpapier vom Haftvlies abziehen und das Motiv auf den Hintergrundstoff legen; beide Stoffe mit der rechten Seite nach oben.

5. Das Motiv auf den Hintergrundstoff bügeln.

6. Alle Teile der Applikation 2 mm innerhalb der Außenkanten feststeppen, um sie dauerhaft zu befestigen. Mit der Zeit fransen die Stoffkanten etwas aus, aber das gibt der Applikation einen besonders schönen handgemachten Charakter.

FAT QUARTER

Ein Fat Quarter ist ein fertig zugeschnittenes Stück
für Patchworkarbeiten. Der Begriff stammt aus
Amerika und beschreibt ein Viertel eines Yards. Das
entspricht etwa 45 × 55 cm. Angaben zum Stoffverbrauch finden Sie in den Anleitungen der einzelnen
Modelle.

FLOR UND STRICH

Der weiche Flor von Cord und Samt hat eine klar
erkennbare Richtung. Sie muss beim Zuschnitt
berücksichtigt werden, damit sie bei allen Schnitt-
teilen in derselben Richtung verläuft – normalerweise am Körper abwärts.

EINFASSEN

Schrägstreifen zum Einfassen von Kanten kann man fertig kaufen oder selbst zuschneiden. Weil die Streifen dehnbar sind, eignen sie sich gut für gerundete Kanten.

1. Einen Stoffstreifen (oder mehrere) im Winkel von 45° zur Webkante zuschneiden. Die Zuschnittbreite entspricht der doppelten sichtbaren Breite plus beidseitig eine Nahtzugabe. Dicke Stoffe erfordern eine breitere Nahtzugabe als dünne Stoffe. Für eine 1,5 cm breite Einfassung aus einfachem Baumwollstoff brauchen Sie demnach Streifen von 5 cm Breite.

2. Beide Längskanten 1 cm (= Nahtzugabe) nach links umbügeln.

3. Danach den Streifen der Länge nach zur Hälfte falten und bügeln.

4. Den Streifen auffalten und seine rechte Stoffseite kantengenau an die linke Stoffseite der einzufassenden Kante stecken. Im Bruch festnähen, dann zur Kante bügeln.

5. Den Schrägstreifen um die Stoffkante zur rechten Seite des Kleidungsstücks falten und bügeln.

6. Den Streifen knappkantig auf der rechten Seite des Modells feststeppen. Das ist an Rundungen nicht ganz einfach: Nähen Sie langsam. Sie können den Streifen auch zunächst heften, damit er sich beim Steppen nicht verschiebt.

KNÖPFE

So nähen Sie einen Knopf an:

1. Die Position des Knopfs anzeichnen und einen doppelten Faden in die Nähnadel einfädeln.

 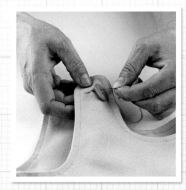

2. Einen kleinen Stich nähen, um den Faden zu befestigen.

3. Durch die Löcher oder die Öse auf der Rückseite des Knopfs und danach durch den Stoff stechen. Einige Male wiederholen.

 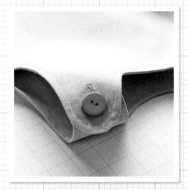

4. Damit ein Knopf mit Löchern nicht zu dicht auf dem Stoff sitzt, die Nadel zwischen Knopf und Stoff herausführen. Leicht am Knopf ziehen, um die Stiche zu lockern. Dann den Faden, der noch an der Nadel hängt, mehrmals um die Stiche unter dem Knopf wickeln.

5. Zur Innenseite des Modells durchstechen und den Faden mit einigen kleinen Stichen sichern. Die Fadenenden kurz abschneiden.

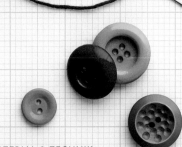

MATERIAL & TECHNIK

KNOPFLÖCHER

Ein Maschinenknopfloch hat an jedem Ende einen Riegel und dazwischen zwei »Raupen« aus sehr kleinen, engen Zickzackstichen. Die Einstellungen werden im Handbuch zur Maschine genau erklärt. Nähen Sie zuerst ein Probeknopfloch auf einem Stoff ähnlicher Qualität. Er muss stabil sein und darf sich durch die engen Zickzackstiche nicht verziehen. Bei dünnen oder locker gewebten Stoffen näht man ein kleines Stück Einlage auf die linke Stoffseite , um den Stoff zu versteifen. Das gilt vor allem für Knopflöcher, die häufig benutzt werden.

1. Oberes und unteres Ende des Knopflochs im Fadenlauf anzeichnen.

2. Das Knopfloch mit passendem Nähgarn gemäß Nähmaschinenhandbuch nähen. Die Reihenfolge ist meist: linke Seite, unterer Riegel, rechte Seite, oberer Riegel.

3. Den Stoff zwischen den Raupen mit einer kleinen Schere oder einem Nahttrenner aufschneiden.

KNOPFSCHLAUFE

Eine Schlaufe für einen Knopfverschluss wird aus einem schmalen Schrägstreifen genäht. Einen Streifen von etwa 8 × 3 cm zuschneiden. Rechts auf rechts längs zur Hälfte falten und an einer Schmalseite sowie der Längsseite zusammennähen. Den Faden lang hängen lassen und in eine dicke Stopfnadel einfädeln. Die Nadel durch den Stoffschlauch schieben und vorsichtig am Faden ziehen, um den Schlauch komplett zu wenden.

ZUSCHNEIDEN

Jede Schere sollte angenehm in der Hand liegen. Das gilt besonders für Linkshänderinnen, zu denen ich gehöre. Sie brauchen eine Schere mit langen Klingen zum Zuschneiden von Stoff und eine kleinere Schere für Feinarbeiten. Vor dem Zuschneiden sollte der Stoff grundsätzlich gebügelt werden. Zeichnen Sie auf der Rückseite des Stoffs die Umrisse der Schnittmusterteile mit Schneiderkreide oder einem auswaschbaren Textilstift an. Achtung: Die Nahtzugaben sind in den beiliegenden Schnittmustern nicht enthalten.
Ordnen Sie die Schnittmusterteile so auf dem Stoff an, dass wenig Verschnitt entsteht. Achten Sie auf die Strich- oder Musterrichtung und lassen Sie zwischen den Teilen genug Abstand für die Nahtzugaben. Schneiden Sie immer auf einer glatten, ebenen Fläche zu.

FADENLAUF

Der Fadenlauf des Stoffs verläuft parallel zur Webkante.
Auf Schnittmustern kennzeichnet ein langer Pfeil den
Fadenlauf. Er verläuft meist parallel zur vorderen oder
hinteren Mitte eines Kleidungsstücks oder in Längs-
richtung auf einem Ärmel. Der Pfeil zeigt an, wie das
Schnittmusterteil auf den Stoff aufgelegt werden muss.

SCHRÄG ZUM FADENLAUF

Stoff, der im Winkel von 45° zur Webkante zugeschnitten ist. Im schrägen Fadenlauf zugeschnittene
Kleidungsstücke fallen besonders schön und schmiegen
sich an den Körper. Gewebter Stoff ist etwas dehnbar,
wenn er schräg zum Fadenlauf zugeschnitten wird. Ob
Sie etwas schräg zum Fadenlauf zuschneiden sollen,
wird in der Anleitung immer erwähnt. Ansonsten wird
grundsätzlich parallel zur Webkante zugeschnitten.

STOFFBRUCH

Bei symmetrischen Schnittmusterteilen zeigt eine
Markierung (Stoffbruch) an, wo die Faltkante von
doppelt liegendem Stoff angelegt werden muss.

WEBKANTE

Die Webkanten sind die festen Längskanten des Stoffs vom Ballen, die
nicht ausfransen.

SCHNITTKANTE

Damit ist die unversäuberte Kante eines zugeschnittenen Teils gemeint.

KNIPSE

Ein Knips ist eine meist dreieckige Markierung am Rand eines Schnittmusters. Er dient als Passmarke und zeigt an, wo eine (ebenfalls mit
einem Knips markierte) Stelle eines anderen Schnittmusterteils angelegt werden muss. Um einen Knips beim Zuschneiden auf den Stoff
zu übertragen, schneiden Sie an der Stoffkante eine kleine (!) Kerbe aus
der Nahtzugabe heraus.

RECHTS AUF RECHTS

Normalerweise werden zum Nähen zwei Stoffteile mit ihren rechten Seiten aufeinandergelegt, damit anschließend die Nahtzugaben innen (auf der linken Seite des Kleidungsstücks) liegen. Das Gegenteil ist links auf links.

RECHTS-LINKS-NAHT

Bei dieser Art von Naht werden die Stoffkanten zuerst links auf links zusammengenäht, dann werden die Nahtzugaben zurückgeschnitten und die Naht gebügelt. Danach wird die Naht nochmals bei rechts auf rechts liegendem Stoff genäht. So ist die Naht perfekt versäubert, die offenen Kanten liegen *innerhalb der Naht*. Die Technik eignet sich vor allem für dünne Stoffe, bei denen eine Versäuberung mit Zickzack- oder Overlockstich durchschimmern könnte.

HEFTEN

Stoffteile können vor dem Nähen provisorisch von Hand mit sehr weiten Stichen zusammengenäht werden. Das ist vor allem bei feinen Stoffen und komplizierteren Nähten sinnvoll. Nach dem Nähen werden die Heftfäden wieder entfernt. Das Heftgarn in einer Kontrastfarbe wählen, so erkennt man es später leichter wieder.

VERRIEGELN

Am Anfang und Ende einer Maschinennaht werden einige Stiche rückwärts und wieder vorwärts genäht, damit die Naht nicht so leicht aufgeht.

EINHALTEN

Wenn zwei Stoffkanten, die zusammengenäht werden sollen, nicht gleich lang sind, wird die längere »eingehalten«. Zuerst die Enden oder Knipse aufeinander ausrichten. Dann zusammenstecken, dabei die Nadeln rechtwinklig zur Stoffkante einstechen, und die Mehrlänge der einen Kante gleichmäßig zwischen den Stecknadeln verteilen.

KANTEN VERSÄUBERN

Offene Stoffkanten müssen versäubert werden, damit sie nicht ausfransen. Dafür kann eine Overlockmaschine verwendet werden, aber auch der Zickzackstich der normalen Nähmaschine. Alternativen sind Rechts-Links-Nähte oder eingefasste Schnittkanten. Nur bei komplett gefütterten Modellen kann unter Umständen auf das Versäubern verzichtet werden.

STEPPSTICH

Mit dem geraden Steppstich werden Nähte geschlossen. Wird die Naht ausgebügelt, kann man die Stiche nicht sehen.

ABSTEPPEN

Manchmal wird eine Naht zur Verzierung oder Stabilisierung zusätzlich von außen, also sichtbar abgesteppt. Dabei wird einfach auf der rechten Seite des Modells mit geradem Steppstich durch alle Stofflagen parallel zur Kante genäht. Die Kanten eines Kragens oder einer aufgesetzten Tasche werden fast immer abgesteppt. Auch die Applikationen in diesem Buch werden sichtbar abgesteppt. Alternativ kann man die offenen Kanten einer Applikation mit sehr engem Zickzackstich festnähen.

RUNDUNGEN UND ECKEN EINSCHNEIDEN

Bei gerundeten Nähten müssen nach dem Nähen die Nahtzugaben eingeschnitten werden (dabei nicht die Naht beschädigen!), damit sie nach dem Wenden glatt liegen und sich nicht wellen. An Ecken die Nahtzugaben schräg abschneiden, damit sie sich nach dem Wenden nicht wulstig abzeichnen.

KRÄUSELN

Messen Sie zuerst die Länge, auf die ein Stoff gekräuselt werden soll. Dann steppen Sie zwei parallele Linien mit 5 mm Abstand: eine knapp innerhalb der Nahtzugabe, die andere knapp außerhalb. Wählen Sie die größtmögliche Stichlänge, damit sich die Stiche später leicht entfernen lassen. Ein Ende jeder Kräuselnaht wird mit Rückstichen verriegelt. Am anderen Ende ziehen Sie behutsam an den Fäden, um den Stoff zu raffen. Danach auf der Nahtlinie steppen, um die Kräuselung zu fixieren. Anschließend können die langen Kräuselstiche entfernt werden.

NAHT

Für eine einfache Naht werden zwei Stoffteile rechts auf rechts gelegt und in einem bestimmten Abstand zu den Schnittkanten gerade zusammengenäht. Den Stoffbereich zwischen der Nahtlinie und der Schnittkante nennt man Nahtzugabe. Er beträgt bei allen Modellen in diesem Buch 1 cm, sofern nichts anderes angegeben ist. Nach dem Nähen werden die Nahtzugaben auseinandergebügelt, damit die Naht schön glatt liegt. Andere, spezielle Nahttypen sind beispielsweise die Rechts-Links-Naht oder die Kappnaht.

BELEG

Ein Beleg ist ein in Form geschnittenes Teil, das im Inneren eines Kleidungsstücks liegt und eine Kante oder ein Hauptteil verstärkt. Beim Kinderkleid auf Seite 36 werden Hals- und Armausschnitte mit einem Beleg versäubert. Belege werden meist aus dem Oberstoff oder einem passenden Stoff zugeschnitten. Sie können zusätzlich mit Einlage verstärkt werden.

DOPPELTER SAUM

Normalerweise werden Saumkanten zweimal eingeschlagen, damit
die Schnittkante des Stoffs nicht zu sehen ist. Säume können mit der
Maschine festgesteppt oder von Hand genäht werden.

VERARBEITUNG

Für eine gute Verarbeitung ist technische Genauigkeit hilfreich, aber noch
wichtiger ist es, jede Naht gleich nach dem Nähen sorgfältig zu bügeln.

BÜGELN

Verwenden Sie ein hochwertiges Dampfbügeleisen und Bügelbrett mit
sauberem Bezug. Auch ein Bügeltuch zum Schutz empfindlicher Gewebe
ist empfehlenswert. Wenn eine Naht genäht ist, werden sofort die Nahtzugaben auseinander- oder zu einer Seite gebügelt. Um den Stoff zu
schonen, bügelt man normalerweise von links. Beim Bügeln von Samt und
Cord legen Sie ein Stück desselben Stoffs oder ein Frotteehandtuch unter,
damit der Flor nicht platt gedrückt wird.

REISSVERSCHLÜSSE

So wird ein gängiger Reißverschluss aus Nylon eingenäht:

1. Bei einem ungefütterten Kleidungsstück alle Stoffkanten versäubern.

2. Die Länge des Reißverschlusses von der Oberkante des Halsausschnitts aus anzeichnen. Die Naht bis zu der Markierung schließen.

3. Die Nahtzugaben und darüber hinaus die offenen Stoffkanten beiderseits der Reißverschlussöffnung auseinanderbügeln.

4. Den Reißverschluss feststecken. Es ist sinnvoll, ihn zusätzlich zu heften. Die umgebügelten Stoffkanten sollen seine Zähnchen verdecken.

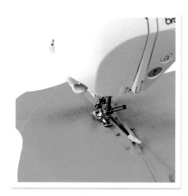

5. Den Reißverschlussfuß einsetzen und die richtige Stich- und Nadeleinstellung wählen (siehe Nähmaschinenhandbuch). Mit dem Reißverschlussfuß können Sie näher an den Zähnchen steppen als mit einem normalen Nähfuß. Den Reißverschluss mit 5 mm Abstand zu den Zähnchen einnähen. Je nach Dicke des Stoffs und Breite der Nahtzugabe kann dieser Abstand etwas variiert werden.

6. Sie können den Beleg von Hand am Reißverschluss festnähen. Alternativ heften Sie ihn fest und steppen nochmals exakt in der vorherigen Nahtlinie, nun aber durch alle Stofflagen.

Richtig messen

Die Größentabellen auf dieser Seite dienen als Richtlinie, wenn das Kind gerade nicht greifbar ist. Messen Sie die Körpergröße, den Taillen und den Brustumfang, um die richtige Kleidergröße zu finden. Grundsätzlich empfiehlt es sich, Stoff als Meterware vom Ballen zu kaufen.

DURCHSCHNITTSGRÖSSEN NACH ALTER

ALTER	GRÖSSE	BRUSTUMFANG	TAILLE
6–18 Monate	bis 80 cm	bis 50 cm	bis 46 cm
18 Monate–3 Jahre	bis 98 cm	bis 54 cm	bis 50 cm
3–5 Jahre	bis 110 cm	bis 58 cm	bis 54 cm
5–7 Jahre	bis 122 cm	bis 63 cm	bis 58 cm

Ist das Kind für sein Alter vergleichsweise groß oder klein, passen Sie die Größe an.

AUSGESTELLTES KLEID (SEITE 36), FERTIGE ABMESSUNGEN

GRÖSSE	LÄNGE AB SHA*	BRUSTUMFANG	SAUMUMFANG
6–18 Monate	44 cm	55 cm	80 cm
18 Monate–3 Jahre	49 cm	60 cm	90 cm
3–5 Jahre	55 cm	66 cm	100 cm
5–7 Jahre	62 cm	71 cm	110 cm

*SHA – seitlicher Halsausschnitt (gemessen am höchsten Punkt der Schulternaht)

KLEID MIT FUCHS (SEITE 130), FERTIGE ABMESSUNGEN

GRÖSSE	LÄNGE AB SHA*	BRUSTUMFANG
6–18 Monate	44 cm	58 cm
18 Monate–3 Jahre	49 cm	62 cm
3–5 Jahre	55 cm	68 cm
5–7 Jahre	62 cm	75 cm

*SHA – seitlicher Halsausschnitt (gemessen am höchsten Punkt der Schulternaht)

LATZHOSE (SEITE 148), FERTIGE ABMESSUNGEN

GRÖSSE	LÄNGE (Armausschnitt bis Saum)	HÜFTUMFANG	GRÖSSE DES KINDES
6–18 Monate	45 cm	68 cm	bis 80 cm
18 Monate–3 Jahre	61 cm	76 cm	bis 98 cm
3–5 Jahre	75 cm	84 cm	bis 110 cm

1

Kleider

Ausgestelltes Kleid

Der einfache ausgestellte Schnitt dieses Kleids ist wie geschaffen für große Stoffmuster. An kühleren Tagen kann es über einem Pulli und Leggins getragen werden, vielleicht zu witzigen, bunten Gummistiefeln. Sie können es füttern oder mit Belegen verarbeiten und mit kontrastfarbigen Einfassungen oder Taschen nach Lust und Laune abwandeln.

MATERIAL

- Schnittmuster für das ausgestellte Kleid und die Tasche (Bogen A pink; Linien für Schulter mit Naht)
- 1 Länge Kleiderstoff (siehe Stoffbedarf, unten)
- 1 Länge Futterstoff (bei Bedarf, siehe Stoffbedarf, unten)
- Schneiderkreide
- Kontrastfarbiger Stoff für die Taschen (nach Belieben)
- Farblich passender Reißverschluss, 18 cm lang
- Farblich passendes Nähgarn

ZUSCHNEIDEN

Überlegen Sie zunächst, ob das Kleid gefüttert werden soll oder nur an Hals- und Armausschnitten mit einem Beleg eingefasst wird. Sie können hinten einen Reißverschluss einsetzen oder eine einfache Schlitzöffnung arbeiten, die sich gut für groß gemusterte Stoffe eignet.

1. Wählen Sie die passende Größe (siehe S. 30) und zeichnen Sie vom Schnittmusterbogen das Schnittmuster für das ausgestellte Kleid in der richtigen Größe ab. Sie benötigen ein Schnittmuster für das Vorderteil (tieferer Ausschnitt) und eins für das Rückenteil.

2. Den Stoff bügeln und auf einer großen Arbeitsfläche ausbreiten. Das Vorderteil wird im Ganzen zugeschnitten, das Rückenteil kann auch geteilt und mit einer Mittelnaht verarbeitet werden. Die Pfeile für den Fadenlauf auf dem Schnittmuster müssen parallel zur Webkante verlaufen. Wenn Sie gemusterten Stoff verarbeiten, achten Sie darauf, dass das Muster auf allen Teilen in derselben Richtung verläuft.

3. Die Umrisse der Schnittmuster mit Schneiderkreide auf den Stoff zeichnen. Die Nahtzugabe beträgt 1 cm, die Saumzugabe 2 cm. Die Teile auf der Arbeitsfläche sorgfältig zuschneiden.

4. Soll das Kleid einen Reißverschluss bekommen, schneiden Sie das Rückenteil in zwei Hälften, also nicht im Stoffbruch zu und geben für die Mittelnaht, in die der Reißverschluss eingesetzt wird, 1 cm zu.

STOFFBEDARF	6 Monate–3 Jahre	3–7 Jahre
Breite 110 cm: gefüttertes Kleid *	70 cm	80 cm
Breite 150 cm: gefüttertes Kleid *	70 cm	80 cm
Breite 110 cm: Kleid mit Beleg	100 cm	120 cm
Breite 150 cm: Kleid mit Beleg	100 cm	120 cm

* Für das gefütterte Kleid brauchen Sie zusätzlich dieselbe Menge Futterstoff.

5. Wenn Hals- und Armausschnitte mit Belegen versäubert werden sollen, zeichnen Sie 4 cm unter den Armausschnitten einen geraden Strich quer über das Schnittmuster. Der obere Abschnitt ist das Schnittmuster für die Belege. Sie können die Belege aus dem Kleiderstoff oder aus einfarbigem Baumwollstoff zuschneiden.

6. Für ein gefüttertes Kleid die Hauptteile nochmals identisch aus Futterstoff zuschneiden, nur die Saumzugabe weglassen, damit das Futter später nicht unten hervorblitzt. Hier wird die Verarbeitung mit Belegen erklärt. Beim gefütterten Kleid gehen Sie genauso vor.

TASCHEN

1. Anhand des Schnittmusters eine oder zwei Taschen zuschneiden.

2. Die Schnittkanten versäubern und entlang der Rundung 1 cm nach links umbügeln. Das Versäubern ist nicht zwingend notwendig, verhindert aber, dass die Taschen innen ausfransen.

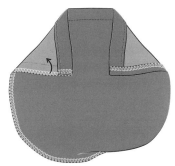

3. Den oberen geraden Rand der Tasche zweimal 1 cm nach links umbügeln und absteppen.

4. Die Tasche auf das Vorderteil stecken, entlang der Rundung feststeppen, dabei Anfang und Ende der Naht verriegeln. Sie können an den oberen Taschenecken zusätzlich kleine Dreiecke steppen, damit sie nicht so leicht ausreißen.

TIPP
Gemusterte Taschen fallen auf einem gemusterten Hintergrund kaum auf. Vielleicht möchten Sie die Taschen lieber aus einem Unistoff zuschneiden, der zu einer der Farben des Hauptmusters passt.

BELEGE

1. Den vorderen Beleg (oder das vordere Futter) rechts auf rechts nur an den Kanten von Hals- und Armausschnitt zusammenstecken und -nähen.

2. Die Nahtzugaben an den Rundungen einschneiden (2 mm Abstand zur Naht halten), damit sie sich nach dem Wenden nicht wulstig abzeichnen.

3. Auf rechts wenden und bügeln.

4. Ebenso mit dem Rückenteil verfahren. Den Reißverschluss oder Schlitzausschnitt gemäß der Anleitung auf Seite 40–41 arbeiten.

VARIANTE A
SCHLITZAUSSCHNITT MIT KNOPFSCHLAUFE

1. Rückenteil und hinteren Beleg (oder Futter) rechts auf rechts zusammenstecken. Die Position des Schlitzausschnitts mit Schneiderkreide oder Bleistift anzeichnen.

2. Die Nahtlinie für den Ausschnitt exakt anzeichnen, damit die untere Rundung nach dem Wenden schön symmetrisch ausfällt.

3. Für die Knopfschlaufe aus dem Kleiderstoff einen Schrägstreifen von 8 × 3 cm zuschneiden. Rechts auf rechts der Länge nach zur Hälfte falten. Die Längskanten zusammennähen und den Faden lang hängen lassen. Den Faden in eine dicke Stopfnadel einfädeln und durch den Stoffschlauch fädeln. Am Faden ziehen, um den Schlauch zu wenden.

4. Den kleinen Stoffschlauch zur Schlaufe legen und am Halsausschnitt zwischen Rückenteil und Beleg (oder Futter) feststecken. Die Schlaufe muss so groß sein, dass sie knapp über den Knopf passt. Falls nötig, den Stoffschlauch anpassen. Um den Schlitzausschnitt herum nähen und die Knopfschlaufe dabei mitfassen.

5. Den Stoff in der hinteren Mitte einschneiden und die Nahtzugaben des Ausschnitts weiter zurückschneiden, damit eine schöne Rundung entsteht. Wenden und bügeln.

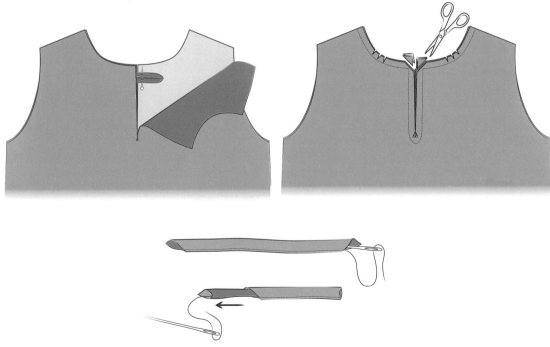

VARIANTE B
REISSVERSCHLUSS

Es gibt verschiedene Möglichkeiten, einen Reißverschluss einzusetzen. Die folgende eignet sich gut für gewebte Stoffe. Wenn Sie geübt sind, können Sie auch eine andere Methode wählen. Weitere Tipps finden Sie auf Seite 29.

1. Das Rückenteil nicht im Stoffbruch zuschneiden, sondern mit Nahtzugabe an den Mittellinien. Die Kanten versäubern. Die beiden Hälften in der hinteren Mitte rechts auf rechts legen. Vom Halsausschnitt aus die Länge des Reißverschlusses anzeichnen. Die hintere Mittelnaht unterhalb dieser Markierung schließen.

2. Die Nahtzugaben auseinanderbügeln. Darüber hinaus auch die Kanten der Reißverschlussöffnung nach links umbügeln.

3. Den Reißverschluss so feststecken, dass der Stoff die Zähnchen bedeckt. Es empfiehlt sich, den Reißverschluss danach zu heften.

4. Den Reißverschlussfuß einsetzen und die richtige Stich- und Nadeleinstellung wählen (siehe Handbuch Ihrer Nähmaschine). Den Reißverschluss mit 5 mm Abstand zu den Zähnchen einnähen.

5. Schritt 1 und 2 mit dem Beleg (oder Futter) wiederholen.

6. Hals- und Armausschnitte von Rückenteil und Beleg (oder Futter) rechts auf rechts zusammennähen. Die Nahtzugaben einschneiden, damit sie sich nicht abzeichnen. Wenden und bügeln.

7. Entlang des Reißverschlusses können Sie den Beleg von Hand annähen. Alternativ steppen Sie mit der Maschine von rechts durch alle Stofflagen. Stecken Sie den Beleg vorher am Trägerband des Reißverschlusses fest. Die Stecknadeln rechtwinklig zum Reißverschluss einstecken und langsam über sie hinwegnähen. Wer ganz sichergehen will, heftet vor dem Steppen.

ZUSAMMENNÄHEN

1. Die gewendeten Vorder- und Rückenteile rechts auf rechts legen und die Stoffkanten aller vier Schultern bündig ausrichten (siehe Abbildung). Die Schulternähte durch alle vier Stofflagen mit 1 cm Nahtzugabe schließen.

2. Die Seitennähte von Oberstoff und Futter separat rechts auf rechts zusammenstecken, dabei die Nähte an den Armausschnitten exakt ausrichten. Nähen und bügeln. Die Schnittkanten mit Overlock- oder Zickzackstich versäubern.

3. Das Kleid wenden. Den Halsausschnitt von rechts mit 0,5 – 1 cm Abstand zu den Kanten absteppen. Bügeln.

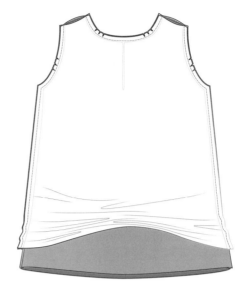

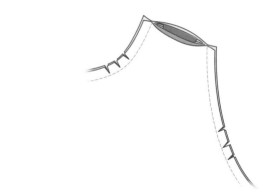

FERTIGSTELLUNG

1. Die Saumkante 1 cm nach links umbügeln. Nochmals 1 cm nach links umbügeln, dann knappkantig feststeppen. Sie können das Kleid auch von Hand säumen. Falls Sie ein Futter gearbeitet haben, hier auch einen doppelten Saum nähen.

2. Hals- und Armausschnitte von rechts mit 5 mm Abstand zu den Kanten absteppen. Das sieht schön aus und gibt zusätzliche Festigkeit.

3. Wenn Sie einen Schlitzausschnitt genäht haben, bringen Sie zuletzt noch einen Knopf an.

> **TIPP**
> Als Verzierung können Sie kontrastfarbiges Garn verwenden, einen Knopf annähen oder einen Kontraststreifen an den Saum setzen (siehe S. 47).

Wendekleid mit großen Taschen

Dieses Kleid hat gleich zwei hübsche Seiten. Das ist praktisch, weil die Nahtzugaben im Inneren nicht versäubert werden müssen. Der schlichte, ausgestellte Schnitt bietet sich für eine große Applikation an, Sie können das Kleid aber auch aus einem bunt gemusterten Stoff nähen. Auf den Schultern hat es pfiffige Knopfverschlüsse. Natürlich lässt sich auch dieses Modell nach eigenen Ideen variieren.

MATERIAL

- Schnittmuster für das ausgestellte Kleid und die große Tasche (Bogen A pink; Linien für Schulter mit Knopfverschluss)
- 2 Längen Kleiderstoff (siehe unten)
- Kontrastfarbiger Stoff für die Taschen (nach Belieben)
- Schneiderkreide
- Passendes Nähgarn
- 30 × 30 cm Haftvlies zum Aufbügeln
- 4 Knöpfe, 2 cm Ø (für die zweiseitigen Verschlüsse)

ZUSCHNEIDEN

1. Zuerst die passende Größe wählen (siehe S. 30). Das Schnittmuster für das ausgestellte Kleid durchpausen, dabei die Linien für die gewählte Größe beachten. Sie brauchen ein Schnittmuster für das Vorderteil (tieferer Ausschnitt) und eins für das Rückenteil.

2. Den Stoff bügeln und auf einer großen Arbeitsfläche ausbreiten, um Vorder- und Rückenteil jeweils im Ganzen zuschneiden zu können. Die vordere und hintere Mitte müssen parallel zur Webkante verlaufen.

3. Die Umrisse der Schnittmuster mit Schneiderkreide auf den Stoff zeichnen. Die Nahtzugabe beträgt 1 cm, die Saumzugabe 2 cm. Die Teile sorgfältig zuschneiden.

4. Schritt 1–3 mit dem zweiten Stoff wiederholen. Sie haben nun zwei Vorderteile und zwei Rückenteile.

STOFFBEDARF	6 Monate–3 Jahre	3–7 Jahre
Breite 110 cm: pro Kleid *	70 cm	80 cm
Breite 150 cm: pro Kleid *	70 cm	80 cm

* Für das Wendekleid brauchen Sie für das innere und das äußere Kleid die gleiche Stoffmenge.

TASCHEN

1. Aus kontrastfarbigem Stoff eine große Tasche für eine Seite des Kleids und eine kleinere Tasche für die andere Seite zuschneiden.

2. Die Schnittkanten versäubern (nicht zwingend notwendig) und entlang der Rundung 1 cm nach links umbügeln .

3. Die Oberkante zweimal 1 cm nach links umbügeln und feststeppen.

4. Die Tasche(n) auf ihre jeweilige Position auf den Vorderteilen legen und feststecken. Die Rundung von rechts feststeppen, dabei Anfang und Ende der Naht mit Rückstichen verriegeln.

5. Zur Verzierung ein Motiv aus einem groß gemusterten Stoff grob ausschneiden, Haftvlies auf die Rückseite bügeln, dann exakt ausschneiden. Das Trägerpapier abziehen, das Motiv oberhalb der Tasche aufbügeln und knappkantig feststeppen.

> **TIPP**
> Schauen Sie sich die anderen Taschenverzierungen in diesem Buch an oder entwerfen Sie selbst eine. Vielleicht möchten Sie auch zwei gekräuselte Taschen auf das Kleid nähen? Eine Anleitung dafür finden Sie auf Seite 50.

ZUSAMMENNÄHEN

1. Vorder- und Rückenteil aus dem äußeren Stoff rechts auf rechts aufeinanderlegen. Eine Seitennaht mit 1 cm Nahtzugabe steppen. Die Naht auseinanderbügeln.

2. Die entsprechende Seitennaht beider Teile aus dem inneren Stoff ebenso schließen und auseinanderbügeln.

3. Auf der Arbeitsfläche beide Kleider rechts auf rechts legen und die Oberkanten an Hals- und Armausschnitten sowie den Schultern zusammenstecken und bei Bedarf heften. Mit 1 cm Nahtzugabe nähen. An schwierigen Rundungen ganz langsam nähen und bei Bedarf den Stoff bei eingestochener Nadel und angehobenem Nähfuß etwas drehen. Vor dem Weiternähen den Nähfuß wieder senken.

4. Die Nahtzugaben in den Rundungen einkerben, dabei 2 mm Abstand zur Naht halten. So zeichnen sie sich nach dem Wenden nicht wulstig ab. Die Nahtzugaben an den Ecken der Träger schräg abschneiden.

5. Auf rechts wenden und bügeln.

6. Die noch offenen Seitennähte rechts auf rechts zusammenstecken und -nähen. Die Nahtzugaben auseinanderbügeln und das Kleid wenden.

FERTIGSTELLUNG

1. Die Hals- und Armausschnitte von rechts mit 5 mm Kantenabstand absteppen. Das ganze Kleid bügeln.

2. In jeden hinteren Träger ein Knopfloch arbeiten. Schlagen Sie bei Bedarf im Handbuch Ihrer Nähmaschine nach und nähen Sie vorab ein Probeknopfloch in einen Stoffrest.

3. An die vorderen Träger die Knöpfe nähen, und zwar je einen auf die Außenseite und einen auf die Innenseite. Sie können die beiden Rücken an Rücken liegenden Knöpfe jedes Trägers in einem Arbeitsgang annähen.

4. Zuletzt den Saum nähen. Dafür gibt es zwei Möglichkeiten (siehe unten).

VARIANTE A

Die Unterkanten von Innen- und Außenkleid je 1 cm nach innen umbügeln. Die Kanten bündig aufeinanderstecken, die Schnittkanten liegen innen. Sorgfältig mit 5 mm Kantenabstand absteppen.

VARIANTE B

KONTRASTFARBIGER SAUM AUSSEN

Das Kleid flach ausbreiten und (falls nötig) die Saumkanten auf exakt gleiche Länge schneiden. Die Saumkanten zusammenheften, dann zweimal 1 cm zum äußeren Stoff hin umbügeln. So ist am äußeren Kleid ein 1 cm breiter Streifen des inneren Stoffs zu sehen. Knappkantig feststeppen.

Regenbogen-kleid

Auf einem Stoff in einer neutralen »Himmelsfarbe« leuchtet der bunte Regenbogen besonders schön. Denim ist eine gute Wahl für dieses fröhliche Kleid.

MATERIAL

- Schnittmuster für das ausgestellte Kleid (Linien für Schulter mit Knopfverschluss) und die Tasche (Bogen A pink)
- 1 Länge Kleiderstoff (siehe unten)
- Vorlage für den Regenbogen (S. 196) und die Wolke (S. 200)
- Stoffreste für Regenbogen, Wolken und Regentropfen
- Schneiderkreide
- Nähgarn in passenden Farben
- Haftvlies zum Aufbügeln
- 2 große Knöpfe, ca. 2 cm Ø
- 20 cm Gummiband, 5 mm breit

ZUSCHNEIDEN

1. Zuerst die passende Größe für das Kind wählen (siehe S. 30). Das Schnittmuster für das ausgestellte Kleid durchpausen, dabei die Linien für die gewählte Größe beachten. Sie brauchen ein Schnittmuster für das Vorderteil (tieferer Ausschnitt) und eins für das Rückenteil.

2. Den Stoff bügeln und auf einer großen Arbeitsfläche ausbreiten, sodass Sie Vorderteil, Rückenteil, Belege und Tasche im Ganzen zuschneiden können. Die vordere und hintere Mitte müssen parallel zur Webkante verlaufen. Falls Sie Cord oder Samt verarbeiten, achten Sie darauf, dass der Strich bei allen Teilen von oben nach unten verläuft.

3. Die Umrisse der Schnittmuster mit Schneiderkreide auf den Stoff zeichnen. Die Nahtzugabe beträgt 1 cm, die Saumzugabe 2 cm. Alle Teile sorgfältig zuschneiden.

STOFFBEDARF	6 Monate–3 Jahre	3–7 Jahre
Breite 110 cm: Kleid mit Belegen	100 cm	120 cm
Breite 150 cm: Kleid mit Belegen	100 cm	120 cm

TASCHE

1. Die Kanten der Tasche mit Zickzack- oder Overlockstich versäubern, dann die gerundete Kante 1 cm nach links umbügeln.

2. Die Oberkante 1,5 cm nach links umbügeln und so feststeppen, dass ein Tunnel für das Gummiband entsteht. Bügeln.

3. An einem Ende des Gummibands eine Sicherheitsnadel befestigen. Das Gummiband damit durch den Tunnel fädeln und an einem Ende feststeppen. Den Stoff etwas zusammenraffen, das Gummiband auf der anderen Seite festnähen. Die Tasche auf das Kleid stecken und knappkantig entlang der Rundung feststeppen.

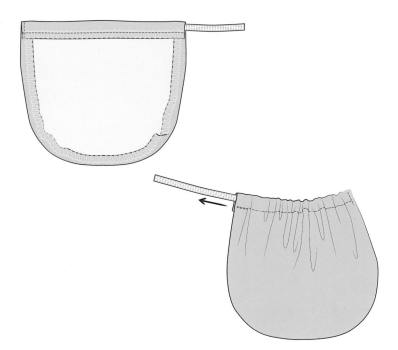

APPLIKATIONEN

1. Zuerst Haftvlies auf die Rückseite der Applikationsstoffe bügeln. Die Stoffe umdrehen und die Motive auf die rechte Stoffseite zeichnen (Vorlagen siehe S. 196 und 200). Den Regenbogen ausschneiden und die Streifen auf der Rückseite nummerieren. Wolke und Regentropfen ausschneiden. Ich habe für dieses Kleid Metallicstoffe verwendet, damit sich die Applikationen schön vom Hintergrund abheben.

2. Das Trägerpapier von den Applikationsteilen abziehen. Dann die Teile mit der Klebeseite nach unten auf die rechte Seite der Kleiderteile legen. Orientieren Sie sich am Foto auf Seite 48. Die Regenbogenstreifen mit gleichmäßigen Abständen so auflegen, dass sie später in der Seitennaht verschwinden.

3. Die Applikationen aufbügeln. Bei Metallicstoff unbedingt ein Bügeltuch verwenden.

4. Alle Applikationen knappkantig mit farblich passendem oder kontrastfarbigem Garn feststeppen.

ZUSAMMENNÄHEN

1. Vorder- und Rückenteil rechts auf rechts legen. Zuerst die Seitennaht am Regenbogen stecken, dabei die Streifen akkurat ausrichten. Die Naht schließen, dann die Nahtzugaben mit Zickzack- oder Overlockstich versäubern und auseinanderbügeln.

2. Die entsprechende Seitennaht der Belege rechts auf rechts stecken und nähen, die Nahtzugaben versäubern und auseinanderbügeln. Die Unterkante der Belege kann 5 mm nach links umgesteppt einfach mit Zickzack- oder Overlockstich versäubert werden.

3. Das Kleid auf der Arbeitsfläche ausbreiten, rechte Stoffseite oben. Den Beleg rechts auf rechts an Hals- und Armausschnitten sowie Schultern zusammenstecken. Mit 5 mm Nahtzugabe zusammennähen. Die Nahtzugaben an den Rundungen einkerben und an den Ecken schräg abschneiden, dabei nicht die Naht beschädigen.

4. Nun die noch offene Seitennaht von Kleid und Beleg schließen.

5. Auf rechts wenden und die gerundeten Kanten in Form ziehen. Bügeln, dann von rechts mit 5 mm Abstand zu den Kanten absteppen.

FERTIGSTELLUNG

1. Einen doppelten Saum bügeln und knappkantig feststeppen.

2. Die Positionen der Knopflöcher anzeichnen. Die Knopflöcher mit der Maschine nähen, danach in der Mitte vorsichtig mit einer kleinen, spitzen Schere oder einem Nahttrenner aufschneiden. Die Knöpfe festnähen.

Blumentopfkleid

Dieses Trägerkleid hat eine schöne große Tasche, in der seine Besitzerin allerlei wichtige Dinge verstauen kann. Natürlich können Sie Farben und Muster nach eigenem Geschmack wählen und kombinieren. Leuchtende Unifarben eignen sich ebenso gut wie kleine Streumuster. Für die Applikationen können sogar Reste von ausrangierten Lieblingskleidern verwendet werden. Dieses Motiv hat den 1970er-Jahre-Charme der Prilblumen. Ein mittlerer bis fester Baumwollstoff gibt der ausgestellten Kleiderform Stand.

MATERIAL

- Schnittmuster für das ausgestellte Kleid (Bogen A pink; Linien für Schulter mit Knopfverschluss)
- Vorlage für den Blumentopf (S. 197)
- 1 Länge Kleiderstoff (siehe unten)
- Baumwollstoff in Kontrastfarbe oder zusätzlicher Hauptstoff für die Belege
- 30 × 30 cm Stoff für die Tasche
- 30 × 30 cm Haftvlies zum Aufbügeln
- Kontrastfarbiger Stoff für die Blume (uni oder gemustert)
- 2 große Knöpfe, ca. 2,5 cm Ø
- Farblich passendes Nähgarn

ZUSCHNEIDEN

1. Zuerst die passende Größe für das Kind wählen (siehe S. 30). Das Schnittmuster für das ausgestellte Kleid durchpausen, dabei die Linien für die gewählte Größe beachten. Sie brauchen ein Schnittmuster für das Vorderteil (tieferer Ausschnitt) und eins für das Rückenteil.

2. Den Stoff bügeln und auf einer großen Arbeitsfläche ausbreiten, damit Sie Vorder- und Rückenteil sowie die Belege im Ganzen zuschneiden können. Die vordere und hintere Mitte müssen parallel zur Webkante verlaufen.

3. Die Umrisse der Schnittmuster mit Schneiderkreide auf den Stoff zeichnen. Die Nahtzugabe beträgt 1 cm, die Saumzugabe 2 cm. Die Teile sorgfältig zuschneiden.

STOFFBEDARF	6 Monate–3 Jahre	3–7 Jahre
Breite 110 cm: gefüttertes Kleid *	70 cm	80 cm
Breite 150 cm: gefüttertes Kleid *	70 cm	80 cm
Breite 110 cm: Kleid mit Beleg	100 cm	120 cm
Breite 150 cm: Kleid mit Beleg	100 cm	120 cm

* Für das gefütterte Kleid brauchen Sie zusätzlich dieselbe Menge Futterstoff.

TASCHE UND APPLIKATION

1. Die Tasche anhand der vergrößerten Vorlage auf Seite 197 zuschneiden, dabei an der Oberkante 2 cm und an den übrigen Kanten 1 cm zugeben.

2. Die Blume ebenfalls anhand der vergrößerten Vorlage auf Seite 197 zuschneiden. Alle Applikationen ohne Nahtzugabe zuschneiden.

3. Das Haftvlies auf die Rückseite der Stoffreste für die Applikation bügeln. Mithilfe der Vorlagen die Motive auf die rechte Stoffseite zeichnen. Blüte, Blätter und Stiel exakt ausschneiden.

4. Die Kanten der Tasche mit Zickzack- oder Overlock-stich versäubern. Die Unter- und Seitenkanten 1 cm nach links umbügeln.

5. Die Oberkante der Tasche 2 cm nach links um-bügeln und mit 1,5 cm Kantenabstand feststeppen.

6. Die Tasche wird stabiler, wenn Sie sie aus doppel-tem Stoff zuschneiden oder mit Nessel füttern. Wird sie aus doppeltem Stoff zugeschnitten, legen Sie die Oberkante am Stoffbruch an. Dann braucht die Ober-kante nicht gesäumt zu werden.

7. Das Trägerpapier von den Applikationen abziehen. Die Teile auf das Vorderteil des Kleids legen und auf-bügeln. Legen Sie dabei ein Bügeltuch unter.

8. Alle Motivteile knappkantig mit farblich passendem oder kontrastfarbigem Garn feststeppen.

9. Die Blumentopftasche auflegen. Seiten und Unter-kante knappkantig feststeppen, dabei Anfang und Ende der Naht mit Rückstichen verriegeln. Sie können auch kleine Dreiecke zur Verstärkung der Ecken steppen (siehe Foto).

ZUSAMMENNÄHEN

1. Vorder- und Rückenteil rechts auf rechts legen. Eine Seitennaht stecken und mit 1 cm Nahtzugabe steppen. Die Schnittkanten versäubern, dann die Nahtzugaben auseinanderbügeln. Das Kleid flach ausbreiten, rechte Stoffseite oben.

2. Die entsprechende Seitennaht an den Belegen (oder dem Futter) schließen. Die Nahtzugaben versäubern und auseinanderbügeln. Die Unterkante des Belegs 5 mm nach links umbügeln und feststeppen oder einfach mit Zickzack- oder Overlockstich versäubern.

3. Beleg (oder Futter) und Kleid rechts auf rechts legen. An Hals- und Armausschnitten und an den Schultern kantengenau zusammenstecken. Mit 5 mm Nahtzugabe zusammennähen. Die Nahtzugabe an den Rundungen einkerben und an den Ecken schräg abschneiden, ohne die Naht zu beschädigen.

4. Nun die noch offenen Seitennähte von Kleid und Beleg schließen, versäubern und auseinanderbügeln.

5. Auf rechts wenden, die Rundungen in Form zupfen und bügeln. Hals- und Armausschnitte mit 5 mm Kantenabstand von rechts absteppen.

FERTIGSTELLUNG

1. Einen 1 cm breiten, doppelten Saum umbügeln und steppen.

2. Die Positionen der Knopflöcher anzeichnen und die Knopflöcher mit der entsprechenden Maschineneinstellung nähen. Die Knopflöcher vorsichtig in der Mitte mit einer kleinen, spitzen Schere oder einem Nahttrenner aufschneiden. Die Knöpfe annähen.

Kleid mit Blumenkragen

Mit diesem niedlichen Kleid wird Ihr kleines Mädchen zur Blumenfee. Ich habe knallige Farben ausgesucht, die gut zu dem Design im Stil der 1960er-Jahre passen, aber Sie können das Kleid auch aus pastellfarbigem oder klein gemustertem Stoff nähen. Verwenden Sie einen festen Stoff wie Canvas oder Baumwollköper, damit das Kleid etwas Stand bekommt. Sie können es auch kürzer zuschneiden und eine Pumphose dazu nähen (siehe S. 120). Perfekt für ein Sommerfest!

MATERIAL

- Schnittmuster für das ausgestellte Kleid (Linien Schulter mit Naht), die Tasche und den Blumenkragen (Bogen A pink)
- 1 Länge Kleiderstoff (siehe unten)
- Schneiderkreide
- Ca. 30 × 30 cm Stoff in Grün oder anderer Kontrastfarbe für Stiel und Blätter
- 30 × 30 cm Haftvlies zum Aufbügeln
- 25 cm oder 1 Fat Quarter leuchtender Baumwollstoff für den Kragen
- 25 × 25 cm Einlage zum Aufbügeln (nach Belieben)
- Farblich passendes Nähgarn
- 1 Knopf für den hinteren Halsausschnitt

ZUSCHNEIDEN

1. Zuerst die passende Größe für das Kind wählen (siehe S. 30). Das Schnittmuster für das ausgestellte Kleid durchpausen, dabei die Linien für die gewählte Größe beachten. Sie brauchen ein Schnittmuster für das Vorderteil (tieferer Ausschnitt) und eins für das Rückenteil.

2. Den Stoff bügeln und auf einer großen Arbeitsfläche ausbreiten, damit Sie das Vorderteil und die Rückenteilhälften jeweils im Ganzen zuschneiden können. Vordere und hintere Mitte müssen parallel zu den Webkanten verlaufen. So lässt sich der Kragen am leichtesten ansetzen. (Beim Kragen weicht die Arbeitsweise von der Grundanleitung für das ausgestellte Kleid ab.)

3. Die Umrisse der Schnittmuster mit Schneiderkreide auf den Stoff zeichnen. Achtung: Das Rückenteil in zwei Hälften zuschneiden, für die lange Kante in der Mitte auch 1 cm Nahtzugabe berücksichtigen. Die Nahtzugabe beträgt 1 cm, die Saumzugabe 2 cm. Die Teile sorgfältig zuschneiden.

STOFFBEDARF	6 Monate–3 Jahre	3–7 Jahre
Breite 110 cm: gefüttertes Kleid *	70 cm	80 cm
Breite 150 cm: gefüttertes Kleid *	70 cm	80 cm
Breite 110 cm: Kleid mit Beleg	100 cm	120 cm
Breite 150 cm: Kleid mit Beleg	100 cm	120 cm

* Für das gefütterte Kleid brauchen Sie zusätzlich die gleiche Menge Futterstoff.

4. Wenn Hals- und Armausschnitte mit Belegen versäubert
werden sollen, zeichnen Sie
4 cm unter den Armausschnitten
einen geraden Strich quer über
das Schnittmuster. Der obere Abschnitt ist das Schnittmuster für
die Belege. Sie können die Belege
aus dem Kleiderstoff oder aus
einem anderen Stoff zuschneiden.

5. Soll das Kleid komplett
gefüttert werden, schneiden Sie
Vorder- und Rückenteile nochmals
aus Futterstoff zu, aber etwa 2 cm
kürzer als der Kleiderstoff.

TASCHE (NACH WUNSCH)

1. Die Tasche zuschneiden und
die Schnittkanten versäubern
(nicht zwingend notwendig). Die
gerundeten Kanten 1 cm nach
links umbügeln.

2. An der Oberkante der Tasche
einen doppelten Saum von 1 cm
umbügeln und feststeppen.

3. Die Tasche auf dem Vorderteil
feststecken und -steppen. Anfang
und Ende der Naht mit Rückstichen verriegeln.

APPLIKATION

1. Haftvlies auf die Rückseite des grünen Stoffs für Stiel und Blätter
bügeln. Mehrere Streifen von 5–10 mm Breite für den Stiel sowie ein
Blatt (nach Belieben mehrere) zuschneiden. Dafür können Sie die
Tropfenvorlage von Seite 200 verwenden, allerdings vergrößert.

2. Mit Schneiderkreide eine geschwungene Linie vom Saum bis zum
Hals auf das Vorderteil zeichnen. Das Trägerpapier von den Streifen
abziehen. Die Streifen so auf der Linie anordnen, dass sie einen durchgehenden Stiel bilden. Aufbügeln und knappkantig feststeppen.

3. Das Trägerpapier von den Blättern abziehen. Die Blätter am Stiel
anordnen, ebenfalls aufbügeln und knappkantig feststeppen.

AUSSCHNITT UND KRAGEN

1. Den Kragen anhand des Schnittmusters zweimal zuschneiden (ein
Oberkragen und ein Unterkragen). Sie
können leichte Einlage auf die linke
Stoffseite des Unterkragens bügeln.
Da der Kragen aber nur als Verzierung
dient, braucht er nicht unbedingt
versteift zu werden.

2. Die beiden Teile rechts auf rechts
legen und entlang der Bogenkante
zusammennähen.

3. Die Nahtzugabe an den Rundungen einkerben, damit die Rundungen
nach dem Wenden schön glatt liegen.
Den Kragen wenden.

4. Bügeln, dann mit 5 mm Abstand
zur Bogenkante absteppen.

5. Vorder- und Rückenteile des
Kleids rechts auf rechts legen, die
Schulternähte mit 1 cm Nahtzugabe
schließen und auseinanderbügeln.
Ebenso mit dem Beleg (oder Futter)
verfahren.

6. Den Kragen rechts auf rechts an
den Halsausschnitt stecken, dabei in
der hinteren Mitte 1 cm Nahtzugabe
frei lassen. Festnähen.

7. Jetzt den Beleg (oder das Futter)
rechts auf rechts auf das Kleid legen
(über den Kragen) und nochmals
um den Halsausschnitt steppen.
Dabei wird der Kragen mitgefasst. Die
Armausschnitte zusammennähen,
aber hier den Kragen nicht mitfassen.
Sie können ihn aus dem Weg stecken,
um sicherzugehen. Die Nahtzugaben
an den Rundungen einschneiden. Das
Kleid auf rechts wenden.

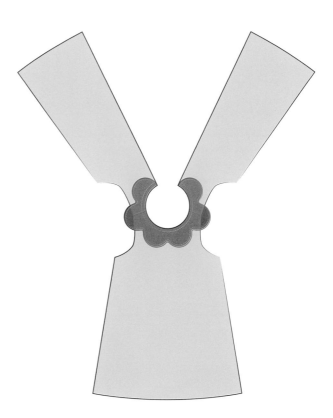

ZUSAMMENNÄHEN

1. Alle noch offenen Schnittkanten versäubern.

2. Die Länge der Öffnung in der hinteren Mitte vom Halsausschnitt aus anzeichnen (8–10 cm). Die Rückenteile rechts auf rechts legen und vom Saum bis zur Markierung zusammennähen. Die Nahtzugaben auseinanderbügeln und darüber hinaus auch die Stoffkanten am Schlitz nach links umbügeln. Mit dem Beleg (oder dem Futter) ebenso verfahren.

3. Aus dem Kleiderstoff eine Knopfschlaufe nähen (siehe S. 40). Die Schlaufe am Halsausschnitt feststecken. Sie muss so groß sein, dass sie knapp über den Knopf passt. Kleid und Beleg am Schlitz aufeinanderstecken, dann den Schlitz ringsherum knappkantig absteppen.

4. Die Seitennähte von Kleid und Beleg rechts auf rechts zusammenstecken, dabei die Armausschnittnähte genau aufeinander ausrichten. Nähen und bügeln.

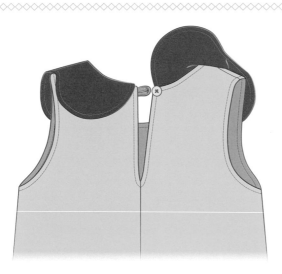

FERTIGSTELLUNG

1. Unten einen doppelten Saum von 1 cm Breite umbügeln und feststeppen.

2. Hals- und Armausschnitte mit 5 mm Abstand zu den Kanten absteppen.

3. Den Knopf annähen.

KLEID MIT BLUMENKRAGEN

Kleid mit Landschaft

Hier zieht sich die Landschaft um das gesamte Kleid. Fertigen Sie ein zusätzliches Schnittmuster für das ausgestellte Kleid an und zeichnen Sie das Motiv direkt darauf. Anhand der Zeichnung können Sie dann die Teile für die Applikationen ausschneiden. Lassen Sie das kleine Mädchen mithelfen: Kinderzeichnungen eignen sich wunderbar für Applikationen.

MATERIAL

- Schnittmuster für das ausgestellte Kleid (Bogen A pink; Linien für Schulter mit Knopfverschluss)
- Vorlage für Landschaft (S. 198)
- 1 Länge Kleiderstoff (siehe unten), möglichst ein helles Blaugrau. Ideal sind mittelfeste Stoffe wie Canvas oder Baumwollköper, die etwas Stand haben.
- Bunte Stoffreste für die Applikationen
- Haftvlies zum Aufbügeln, genug für alle Landschaftselemente
- 2 große Knöpfe
- Farblich passendes Nähgarn
- Schneiderkreide

ZUSCHNEIDEN

1. Zuerst die passende Größe für das Kind wählen (siehe S. 30). Das Schnittmuster für das ausgestellte Kleid durchpausen, dabei die Linien für die gewählte Größe beachten. Sie brauchen ein Schnittmuster für das Vorderteil (tieferer Ausschnitt) und eins für das Rückenteil.

2. Den Stoff bügeln und auf einer großen Arbeitsfläche ausbreiten, damit Sie Vorderteil, Rückenteil und Belege im Ganzen zuschneiden können. Die vordere und hintere Mitte müssen parallel zur Webkante verlaufen.

3. Die Umrisse der Schnittmuster mit Schneiderkreide auf den Stoff zeichnen. Die Nahtzugabe beträgt 1 cm, die Saumzugabe 2 cm. Alle Teile sorgfältig zuschneiden.

STOFFBEDARF	6 Monate–3 Jahre	3–7 Jahre
Breite 110 cm: Kleid mit Belegen	100 cm	120 cm
Breite 150 cm: Kleid mit Belegen	100 cm	120 cm

APPLIKATIONEN

1. Das Landschaftsmotiv auf das Schnittmuster zeichnen. Wenn es sich um das ganze Kleid ziehen soll, muss es an den Nähten zusammenpassen. Dafür die Schnittmusterteile aneinanderlegen.

2. Die einzelnen Formen durchpausen und nummerieren oder beschriften, damit Sie sich später leicht zusammensetzen lassen. Sie können die (vergrößerten) Vorlagen von Seite 198 verwenden.

3. Haftvlies auf die Rückseiten aller Applikationsstoffe bügeln. Die Stoffe umdrehen, die Papiervorlagen auflegen und die Umrisse auf die rechte Stoffseite zeichnen. Die Teile ohne Nahtzugabe ausschneiden.

4. Das Trägerpapier abziehen und die Landschaft auf den Kleiderteilen wieder zusammensetzen. Ein Bügeltuch auflegen und nicht zu heiß aufbügeln. Die obere Kante des grünen Landschaftsstreifens können Sie auch nach links einschlagen, stecken und festnähen.

5. Alle Motivteile mit farblich passendem oder kontrastfarbigem Garn knappkantig feststeppen.

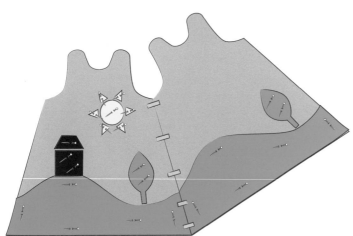

ZUSAMMENNÄHEN

1. Vorder- und Rückenteil rechts auf rechts legen. Eine Seitennaht mit 1 cm Nahtzugabe schließen. Die Schnittkanten versäubern, dann die Naht bügeln. Das Kleid mit der rechten Seite nach oben ausbreiten.

2. Die Belege an der entsprechenden kurzen Seitenkante zusammennähen und flach ausbreiten. Die Unterkante 5 mm nach links umbügeln und feststeppen, alternativ mit Overlock- oder Zickzackstich versäubern.

3. Den so vorbereiteten Beleg rechts auf rechts auf das Kleid stecken. Armausschnitte, Schultern und Halsausschnitte mit 1 cm Nahtzugabe zusammennähen. Die Nahtzugaben an den Rundungen einkerben, ohne die Naht zu beschädigen.

4. Die noch offene Seitennaht von Kleid und Beleg rechts auf rechts legen und schließen.

5. Auf rechts wenden, die Rundungen in Form zupfen und bügeln. Die Oberkanten mit 5 mm Kantenabstand absteppen.

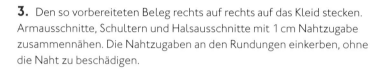
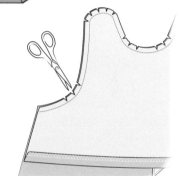

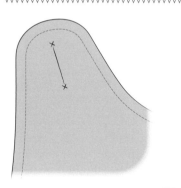

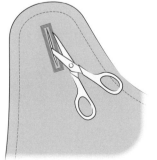

FERTIGSTELLUNG

1. Unten einen 1 cm breiten doppelten Saum steppen.

2. Die Position der Knopflöcher anzeichnen. Die Knopflöcher mit der entsprechenden Sticheinstellung nähen. Danach in der Mitte mit einer kleinen, spitzen Schere oder einem Nahttrenner aufschneiden.

3. Zuletzt die Knöpfe annähen.

Ausgehkleid

Wenn kleine Mädchen sich fein machen, möchten sie genauso schick aussehen wie Mama. Statt der großen applizierten »Knöpfe« könnten Sie auch eine elegante »Perlenkette« aus vielen verschiedenen Stoffresten auf das Vorderteil nähen.

MATERIAL

- Schnittmuster für das ausgestellte Kleid (Linien für Schulter mit Naht) und den Kragen (Bogen A pink)
- 1 Länge Stoff (siehe unten). Ich habe Feincord verwendet, aber Samt oder andere festliche Stoffe eignen sich ebenso gut.
- Kleine Stoffreste für die Knopf- (oder Perlen-) Applikationen
- Haftvlies zum Aufbügeln
- 25 cm oder 1 Fat Quarter leuchtender Stoff für den Kragen
- Passendes Nähgarn
- Schneiderkreide
- Reißverschluss, 18 cm lang (nach Belieben)
- Knopf für den hinteren Verschluss (nach Belieben)

ZUSCHNEIDEN

1. Zuerst die passende Größe für das Kind wählen (siehe S. 30). Das Schnittmuster für das ausgestellte Kleid durchpausen, dabei die Linien für die gewählte Größe beachten. Sie brauchen ein Schnittmuster für das Vorderteil (tieferer Ausschnitt) und eins für das Rückenteil.

2. Den Stoff bügeln und auf einer großen Arbeitsfläche ausbreiten, damit Sie das Vorderteil und die beiden Rückenteilhälften im Ganzen zuschneiden können. Achtung, die Rückenteilhälften separat mit Nahtzugabe in der hinteren Mitte zuschneiden, nicht im Stoffbruch. Die vordere und hintere Mitte müssen parallel zu den Webkanten liegen.

3. Die Umrisse der Schnittmuster mit Schneiderkreide auf den Stoff zeichnen. Die Nahtzugabe beträgt 1 cm, die Saumzugabe 2 cm. Alle Teile sorgfältig zuschneiden.

4. Wenn Hals- und Armausschnitte mit Belegen versäubert werden sollen, zeichnen Sie 4 cm unter den Armausschnitten einen geraden Strich quer über das Schnittmuster. Der obere Bereich ist das Schnittmuster für die Belege. Sie können die Belege aus dem Kleiderstoff oder aus einfarbigem Baumwollstoff zuschneiden.

5. Soll das Kleid gefüttert werden, schneiden Sie Vorder- und Rückenteile nochmals aus Futterstoff zu, aber 2 cm kürzer als den Kleiderstoff.

STOFFBEDARF	6 Monate–3 Jahre	3–7 Jahre
Breite 110 cm: gefüttertes Kleid *	70 cm	80 cm
Breite 150 cm: gefüttertes Kleid *	70 cm	80 cm
Breite 110 cm: Kleid mit Beleg	100 cm	120 cm
Breite 150 cm: Kleid mit Beleg	100 cm	120 cm

* Für ein gefüttertes Kleid brauchen Sie zusätzlich die gleiche Länge aus Futterstoff.

APPLIKATIONEN

Als Erstes werden die Applikationen auf dem Vorderteil
angebracht. Haftvlies auf die
Rückseiten von bunten Stoffresten bügeln, dann Kreise
ausschneiden. Das Vorderteil
ausbreiten und die Kreise wie
Knöpfe oder Perlen einer Hals-
kette anordnen. Das Trägerpapier abziehen und die Kreise
aufbügeln, danach knappkantig
feststeppen oder ein Kreuz durch
die Mitte jedes Kreises steppen.

AUSSCHNITT UND KRAGEN

1. Zwei Kragenpaare (einen
Ober- und einen Unterkragen)
gemäß Schnittmuster zuschneiden. Das Schnittmuster zeigt nur
die linke Seite, es muss für die
rechte Seite umgedreht werden.
Sie können leichte Einlage auf
die Rückseite des Unterkragens
bügeln. Da der Kragen nur als
Verzierung dient, ist das aber
nicht unbedingt notwendig.

2. Die Kragenteile rechts
auf rechts legen und entlang
der gerundeten Außenkante
zusammennähen.

3. Die Nahtzugaben an den
Rundungen einkerben, damit
sie sich nicht wulstig abzeichnen. Den Kragen wenden.

4. Bügeln, dann die Außenkante
mit 5 mm Kantenabstand
absteppen.

5. Vorder- und Rückenteil des
Kleids rechts auf rechts legen
und die Schulternähte mit 1 cm
Nahtzugabe schließen. Auseinanderbügeln. Mit den Belegen (oder
dem Futter) wiederholen.

6. Die vorbereiteten Kragenteile
ans Kleid stecken, dabei von der
Ausschnittmitte über die Seiten
nach hinten arbeiten. Der Unterkragen liegt dabei auf der rechten
Seite des Kleids. Achtung, die
Kragenteile nicht vertauschen: Sie
haben hinten eine andere Form
als vorn. Festnähen.

7. Jetzt den Beleg (oder das
Futter) rechts auf rechts an den
Halsausschnitt nähen. Dabei wird
der Kragen mitgefasst. Beleg und
Kleiderstoff auch an den Armausschnitten zusammennähen,
dabei aber nicht den Kragen mitfassen. Falls nötig, können Sie
ihn aus dem Weg stecken. Die
Nahtzugabe an den Rundungen
von Hals- und Armausschnitten
einkerben. Das Kleid auf rechts
wenden und bügeln.

ZUSAMMENNÄHEN

1. Alle noch offenen Schnittkanten mit Zickzack- oder Overlockstich versäubern.

2. Die Länge des Reißverschlusses von der Oberkante des Halsausschnitts aus anzeichnen, alternativ einen Schlitz von 8–10 cm Länge anzeichnen. Die Naht unter der Markierung schließen. Die Nahtzugaben und darüber hinaus die offenen Stoffkanten beiderseits des Schlitzes auseinanderbügeln. An Beleg (oder Futter) wiederholen. Wie unten beschrieben fortfahren.

VARIANTE A
REISSVERSCHLUSS

(Siehe auch Seite 29)

1. Den Reißverschluss feststecken. Es ist sinnvoll, ihn danach zu heften. Die umgebügelten Stoffkanten sollen seine Zähnchen verdecken.

2. Den Reißverschlussfuß einsetzen und die richtige Stich- und Nadeleinstellung wählen. Den Reißverschluss mit 5 mm Abstand zu den Zähnchen einnähen.

3. Sie können den Beleg von Hand am Reißverschluss festnähen. Alternativ heften Sie ihn fest und steppen nochmals in der vorherigen Nahtlinie, nun aber durch alle Stofflagen.

VARIANTE B
SCHLITZ

1. Aus dem Kleider- oder Futterstoff eine Knopfschlaufe nähen (siehe S. 40). Die Schlaufe am Halsausschnitt feststecken. Sie muss so groß sein, dass sie knapp über den Knopf passt.

2. Kleid und Beleg am Schlitz aufeinanderstecken, dann den Schlitz ringsherum sehr knappkantig (2 mm) absteppen. Dabei wird die Schlaufe mitgefasst.

3. Gegenüber der Schlaufe einen Knopf annähen.

FERTIGSTELLUNG

1. Die Seitennähte von Kleid und Beleg rechts auf rechts zusammenstecken, dabei die Armausschnittnähte genau ausrichten. Nähen und bügeln.

2. Einen doppelten Saum von 1 cm Breite umbügeln und feststeppen.

3. Hals- und Armausschnitte von rechts mit 5 mm Kantenabstand absteppen.

Harlekinkleid

Dieses originelle Kleid können Sie in intensiven, warmen Farben nähen. Es sieht aber auch hübsch aus, wenn Sie zarte Töne wählen und nur den Zackenrand knallig absetzen. Oder wie wäre es mit einfarbigen Zacken an einem Kleid in Regenbogenfarben?

MATERIAL

- Schnittmuster für das ausgestellte Kleid (Linie für Schulter mit Naht) und den Kragen (Bogen A pink)
- 4 Stücke von ca. 60 × 60 cm in verschiedenen Farben
- Schneiderkreide
- Ca. 30 × 80 cm Stoff für den Beleg (nach Belieben)
- 1 Länge Futterstoff (siehe unten)
- 10 Stücke Stoff, je ca. 12 × 7 cm, für die Zacken
- Farblich passendes Nähgarn
- Kleiner Knopf

ZUSCHNEIDEN

1. Zuerst die passende Größe für das Kind wählen (siehe S. 30). Das Schnittmuster für das ausgestellte Kleid durchpausen, dabei die Linien für die gewählte Größe beachten. Sie brauchen ein Schnittmuster für das Vorderteil (tieferer Ausschnitt) und eins für das Rückenteil.

2. Jedes Schnittmuster längs und quer in vier Stücke teilen. Die waagerechte Teilungslinie liegt etwa 8 cm unter den Armausschnitten.

3. Suchen Sie für die Viertel verschiedene Stoffe aus. Die Stoffe bügeln und flach ausbreiten. Die Schnittmusterteile auflegen und darauf achten, dass die vordere und hintere Mitte parallel zu den Webkanten liegen.

4. Die Umrisse der Schnittmuster mit Schneiderkreide auf den Stoff zeichnen. Die Nahtzugabe beträgt 1 cm, die Saumzugabe 2 cm. Die Teile sorgfältig ausschneiden.

5. Wenn Hals- und Armausschnitte mit Belegen versäubert werden, zeichnen Sie 4 cm unter den Armausschnitten einen geraden Querstrich, um die Schnittmuster für die Belege zu erhalten. Sie können die Belege aus Kleiderstoff oder aus kontrastfarbigem Stoff zuschneiden.

6. Soll das Kleid gefüttert werden, schneiden Sie Vorderteil und zwei Rückenteilhälften nochmals aus Futterstoff zu, aber 2 cm kürzer als den Kleiderstoff.

STOFFVERBRAUCH FÜR DAS FUTTER	6 Monate–3 Jahre	3–7 Jahre
Breite 110 cm	70 cm	80 cm
Breite 150 cm	70 cm	80 cm

DIE TEILE ZUSAMMENNÄHEN

1. Zuerst die beiden unteren Stücke des Vorderteils zusammennähen, dann die beiden oberen. Danach die Hälften zusammensetzen.

2. Die Stücke des Rückens an die entsprechenden Stücke des Vorderteils nähen. Die hintere Mitte bleibt noch offen.

ZACKEN

1. Aus Stoffen in verschiedenen Farben 10 Rechtecke von je 12 × 7 cm zuschneiden.

2. Jedes Rechteck der Länge nach zur Hälfte falten und an einer Kante mit 1 cm Nahtzugabe zusammennähen.

3. Die Nahtzugabe an der Ecke schräg abschneiden (siehe Zeichnung rechts), dann auf rechts wenden.

4. Die Naht in die hintere Mitte legen, sodass ein Dreieck entsteht. Bügeln.

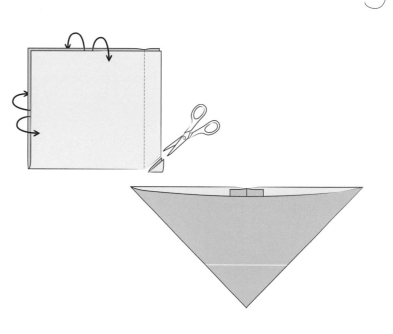

AUSSCHNITT UND KRAGEN

1. Anhand des Schnittmusters zwei Kragen (einen Ober- und einen Unterkragen) zuschneiden. Das Schnittmuster zeigt nur die linke Seite, es muss für die rechte Seite umgedreht werden. Sie können leichte Einlage auf die linke Seite des Unterkragens bügeln. Da der Kragen nur als Verzierung dient, ist das aber nicht unbedingt notwendig.

2. Die Kragenteile rechts auf rechts legen und entlang der gerundeten Außenkante zusammennähen.

3. Die Nahtzugaben an den Rundungen einkerben, damit sie sich nicht wulstig abzeichnen. Den Kragen wenden.

4. Bügeln und dann die Außenkante mit 5 mm Kantenabstand absteppen.

5. Vorder- und Rückenteile des Kleids rechts auf rechts legen und die Schulternähte mit 1 cm Nahtzugabe schließen. Auseinanderbügeln. Mit den Belegen (oder dem Futter) wiederholen.

6. Die vorbereiteten Kragenteile am Halsausschnitt ans Kleid stecken, dabei von der vorderen Ausschnittmitte über die Seiten nach hinten arbeiten. Der Unterkragen liegt auf der rechten Seite des Kleids. Achtung, die Kragenteile nicht vertauschen: Sie haben hinten eine andere Form als vorn. Festnähen.

7. Jetzt den Beleg (oder das Futter) rechts auf rechts an den Halsausschnitt nähen. Dabei wird der Kragen mitgefasst. Beleg (oder Futter) und Kleiderstoff auch an den Armausschnitten zusammennähen, dabei aber nicht den Kragen mitfassen. Falls nötig, können Sie ihn aus dem Weg stecken. Die Nahtzugabe an den Rundungen von Hals- und Armausschnitten einkerben. Das Kleid auf rechts wenden und bügeln.

ZUSAMMENNÄHEN

1. Alle noch offenen Schnittkanten mit Zickzack- oder Overlockstich versäubern.

2. Die Länge des Reißverschlusses von der Oberkante des Halsausschnitts aus anzeichnen, alternativ einen Schlitz von 8–10 cm Länge anzeichnen. Die Naht unter der Markierung schließen. Die Nahtzugaben und darüber hinaus die offenen Stoffkanten beiderseits der Öffnung auseinanderbügeln. An Beleg (oder Futter) wiederholen.

3. Den Reißverschluss einnähen (siehe S. 29) oder aus dem Kleiderstoff eine Knopfschlaufe nähen (siehe S. 40). Die Schlaufe am Halsausschnitt feststecken. Sie muss so groß sein, dass sie knapp über den Knopf passt. Kleid und Beleg am Schlitz aufeinanderstecken, dann den Schlitz ringsherum sehr knappkantig (2 mm) absteppen.

4. Die Seitennähte von Beleg (oder Futter) und Kleid rechts auf rechts stecken, dabei die Nähte an den Armausschnitten genau ausrichten. Nähen und bügeln.

FERTIGSTELLUNG

1. Die 10 Zacken an die Saumkante stecken und festnähen. Die Nahtzugaben zusammengefasst versäubern und zum Kleid hin nach oben bügeln. Die Kante auf dem Kleid dicht neben der Ansatznaht absteppen, damit die Saumlinie glatt liegt.

2. Die Saumkante am Beleg versäubern oder 1 cm nach links umbügeln und feststeppen. Am Futter einen doppelten Saum nähen.

3. Hals- und Armausschnitte mit 5 mm Kantenabstand absteppen.

4. Den Knopf annähen.

Spielhose mit Blumen

Die niedliche Spielhose bietet viel Bewegungsfreiheit und wächst eine Weile mit, weil sie Bindebänder als Träger hat. Die Beine können knöchellang oder kürzer zugeschnitten werden. Für den Sommer eignet sich bunter Baumwollstoff, für den Winter können Sie Cord oder einen anderen, etwas dickeren Stoff verwenden.

MATERIAL

- Schnittmuster für die Spielhose, Passe und Tasche (Bogen A pink)
- 75 cm bedruckter Stoff in mittlerer Stärke
- 25 cm oder 1 Fat Quarter Baumwollstoff in Kontrastfarbe für Passe, Bindebänder und Beinbündchen
- Kontrastfarbiger Stoff für die Taschen (nach Belieben)
- 100 cm Gummiband, 0,5 cm breit
- Farblich passendes Nähgarn
- Schneiderkreide

ZUSCHNEIDEN

1. Wählen Sie auf dem Schnittmusterbogen die passende Größe für das Kind (siehe S. 30). Das Schnittmuster für die Spielhose durchpausen, dabei die Linien für die gewählte Größe beachten.

2. Den Hosenstoff bügeln und auf einer großen Arbeitsfläche ausbreiten, um die Hosenteile zweimal im Ganzen zuschneiden zu können. Der Fadenlaufpfeil muss parallel zur Webkante verlaufen, das Muster auf beiden Stoffteilen von oben nach unten.

3. Die Umrisse der Schnittmuster mit Schneiderkreide auf den Stoff zeichnen. Die Nahtzugabe beträgt rundum 1 cm. Alle Teile sorgfältig zuschneiden.

4. Die Schnittmusterteile für Passe, Tasche und Beinbündchen abpausen. Für die Bindebänder vier Streifen von je 30 × 5 cm zuschneiden. Passe, Beinbündchen und Tasche je zweimal zuschneiden. Die Nahtzugabe beträgt 1 cm.

PASSE UND BINDEBÄNDER

1. Für die Bindebänder an allen Streifen beide Längskanten und eine Schmalkante 5 mm nach links umbügeln. Dann den Streifen längs zur Hälfte falten und bügeln. Entlang der äußeren Kanten zusammensteppen.

2. Sie können auch fertiges Band, z. B. Rips- oder Satinband, verwenden. Dann muss eine Schmalseite jedes Bands versäubert werden.

3. Zwei Passenteile rechts auf rechts legen, an jeder Ecke ein Bindeband dazwischenschieben. Seiten und Oberkanten der Passenteile stecken und zusammennähen. Dabei die Träger mitfassen.

4. Die Nahtzugaben an den Ecken schräg abschneiden. Wenden und bügeln. Mit den beiden anderen Passenteilen wiederholen.

BEINABSCHLÜSSE UND TASCHEN

1. Die Beinbündchen an die Unterkanten der Hosenteile nähen. Die Schnittkanten versäubern.

2. Die Unterkante jedes Beinbündchens zweimal 5 mm nach links umbügeln und feststeppen. Alternativ die Schnittkante mit Zickzack- oder Overlockstich versäubern, einmal umbügeln und feststeppen.

3. Nun das Gummiband aufsteppen. Auf jedem Beinbündchen von links die Mittellinie anzeichnen und dort ein etwa 22 cm langes Stück Gummiband aufsteppen. Das Gummiband beim Nähen dehnen, damit sich der Stoff später kräuselt. Je nach Hosengröße brauchen Sie eventuell etwas mehr oder weniger Gummiband.

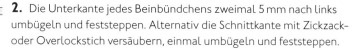

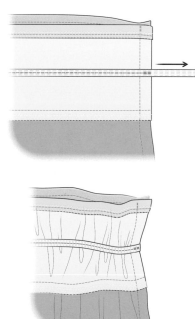

4. Die Taschenkanten versäubern. Seiten und gerundete Unterkante 5 mm nach links umbügeln, die gerade Oberkante 1 cm nach links umsteppen. Gummiband durch den oberen Saum ziehen und an den Enden festnähen, um die Oberkante etwas zu kräuseln (siehe S. 50).

5. Die Taschen auf die Vorderteile stecken und aufsteppen. Anfang und Ende der Naht verriegeln oder mit kleinen Dreiecken sichern.

ZUSAMMENNÄHEN

1. Die beiden Hosenteile rechts auf rechts legen. Vordere und hintere Mittelnaht steppen. Die Nahtzugaben versäubern und die Nähte auseinanderbügeln.

2. Die inneren Nähte der Hosenbeine einschließlich Bündchen schließen, versäubern und bügeln.

3. Die Armausschnittkanten versäubern, 5 mm nach links umbügeln und feststeppen. Alternativ zweimal 3 mm nach links umbügeln und feststeppen.

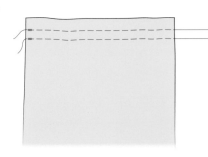

4. Die vordere und hintere Oberkante der Hose auf 19 cm kräuseln.

5. Die vordere Lage der vorderen Passe rechts auf rechts vorn an die Hose stecken und mit 1 cm Nahtzugabe festnähen. Die Nahtzugabe nach oben in die Passe bügeln. Die noch offene Kante des Passenbelegs versäubern, nach Belieben mit Handstichen festnähen. Die hintere Passe ebenso hinten an die Hose setzen.

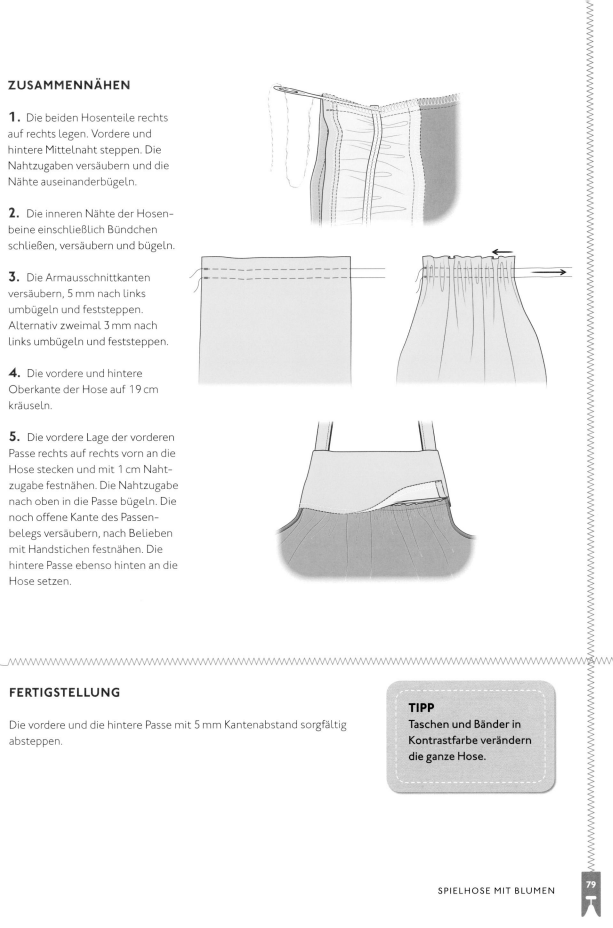

FERTIGSTELLUNG

Die vordere und die hintere Passe mit 5 mm Kantenabstand sorgfältig absteppen.

TIPP
Taschen und Bänder in Kontrastfarbe verändern die ganze Hose.

Kurze Spielhose »Hummel«

Diese niedliche Spielhose ist ideal für heiße Sommertage und die kürzeren Beine eignen sich bestens zum Barfußlaufen am Strand oder auf der Wiese. Wenn Ihnen ein Marienkäfer besser gefällt, nähen Sie die Hose einfach aus rotem Stoff und dekorieren sie mit großen schwarzen Punkten.

MATERIAL

- Schnittmuster für die Spielhose (Linien für kurze Hosenbeine ohne Beinbündchen), Passe und Fühler (Bogen A pink)
- 75 cm gelber Stoff in mittlerer Stärke
- 25 cm schwarzer Baumwollstoff für Passe, Fühler und Streifen
- Schneiderkreide
- 100 cm Gummiband, 1 cm breit
- Farblich passendes Nähgarn
- Polyesterfüllwatte für die Fühler (ersatzweise Stoffreste)
- 2 kontrastfarbige Knöpfe für die Augen, ca. 2 cm Ø

ZUSCHNEIDEN

1. Zuerst die passende Größe für das Kind wählen (siehe S. 30). Das Schnittmuster für die Spielhose durchpausen, dabei die Linien für die gewählte Größe und die Hosenbeinlänge beachten.

2. Den Hosenstoff bügeln und auf einer großen Arbeitsfläche ausbreiten, damit Sie die Hosenteile jeweils im Ganzen zuschneiden können. Der Fadenlaufpfeil muss parallel zu den Webkanten verlaufen.

3. Die Umrisse der Schnittmuster mit Schneiderkreide auf den Stoff zeichnen. Die Nahtzugabe beträgt rundum 1 cm. Alle Teile sorgfältig zuschneiden.

4. Außerdem aus dem gelben Stoff zwei vordere Bindebänder von je 30 × 5 cm und ein hinteres Bindeband von 70 × 5 cm zuschneiden.

5. Die Schnittmuster für Passe und Fühler durchpausen. Aus schwarzem Stoff die Passe zweimal, den Fühler viermal sowie vier Blockstreifen zuschneiden, deren Länge der Hosenbreite entspricht. Die Nahtzugabe beträgt bei allen Teilen 1 cm.

FÜHLER UND BINDEBÄNDER

1. Zwei Fühler rechts auf rechts legen und zusammennähen, nur die gerade Schmalseite offen lassen. Die Nahtzugaben an den Rundungen einkerben. Wenden und mit etwas Füllwatte ausstopfen. Die Füllung mit einem Bleistift in den Fühler schieben. Den zweiten Fühler ebenso nähen.

2. An den Blockstreifen die Längskanten 1 cm nach links umbügeln. Die Streifen auf die Hosenteile stecken. Dabei genau darauf achten, dass sie auf einer Höhe liegen, damit später an der vorderen und hinteren Mittelnaht kein Versatz entsteht.

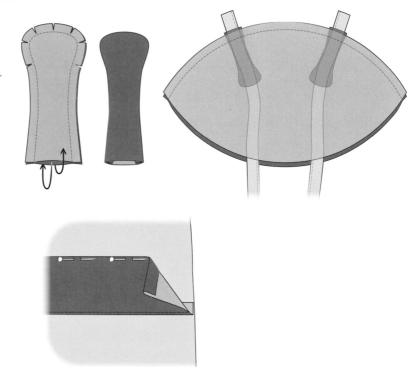

PASSE MIT GESICHT UND TRÄGERN

1. Für die vorderen Bindebänder die Längskanten und eine Schmalkante 5 mm nach links umbügeln, dann den Streifen längs zur Hälfte falten und bügeln. Die Kanten ringsherum zusammensteppen.

2. Für das längere hintere Bindeband die Längskanten und eine Schmalkante 5 mm nach links umbügeln, dann den Streifen der Länge nach zur Hälfte falten und bügeln. Die Kanten ringsherum zusammensteppen.

3. Zwei vordere Passenteile (Gesicht) rechts auf rechts zusammenstecken. Sie können eins vorher mit Bügeleinlage oder einer zweiten Stofflage verstärken, damit das Gesicht etwas mehr Stand bekommt. Die vorderen (kürzeren) Träger und die Fühler zwischen die Passenteile schieben. Stecken, dann entlang der oberen Rundung zusammennähen. Bänder und Fühler werden dabei mitgefasst (siehe Zeichnung oben rechts).

4. Die Nahtzugaben einschneiden, die Passe wenden und bügeln.

BEINABSCHLÜSSE MIT GUMMIZUG

1. Die Unterkanten der Hosenbeine mit Zickzack- oder Overlockstich versäubern, dann 5 mm nach links umbügeln und feststeppen. Alternativ einen doppelten Saum von 5 mm Breite umbügeln und feststeppen.

2. Auf der linken Stoffseite jedes Hosenbeins 2,5 cm über der Unterkante eine Linie anzeichnen. Dort ein etwa 22 cm langes Gummiband aufsteppen. Das Gummiband beim Nähen etwas dehnen, um den Stoff später zu kräuseln. Je nach Hosengröße brauchen Sie eventuell etwas mehr oder weniger Gummiband.

ZUSAMMENNÄHEN

1. Die Hosenteile rechts auf rechts legen. Die vordere und die hintere Mittelnaht steppen, dabei darauf achten, dass die Blockstreifen genau aufeinandertreffen. Die Nahtzugaben versäubern.

2. Die inneren Beinnähte schließen und die Nahtzugaben versäubern.

3. Die Armausschnittkanten mit Zickzack- oder Overlockstich versäubern, 5 mm nach links umbügeln und feststeppen. Alternativ einen doppelten, 3 mm breiten Saum umbügeln und feststeppen.

PASSE UND TRÄGER ANBRINGEN

1. Die Oberkante der vorderen Hose auf 19 cm zusammenkräuseln.

2. Die Oberkante der hinteren Hose zuerst 1 cm, dann 2 cm nach links umbügeln und knappkantig feststeppen. Die Seiten bleiben offen. So entsteht ein Tunnel für das hintere Bindeband. Bügeln.

3. Das vordere Passenteil rechts auf rechts an die vordere Hose stecken und mit 1 cm Nahtzugabe festnähen. Die Nahtzugaben Richtung Passe nach oben bügeln. Die noch offene Unterkante des Passenbelegs mit Zickzack- oder Overlockstich versäubern.

4. Die Passe bügeln, dann von rechts ringsherum mit 5 mm Kantenabstand absteppen.

FERTIGSTELLUNG

1. Das lange hintere Bindeband mithilfe einer Sicherheitsnadel durch den Tunnel ziehen und den Stoff damit etwas zusammenraffen.

2. Die Knopfaugen auf die vordere Passe nähen.

Strandkleid

In diesem luftigen Kleid fühlen sich kleine Mädchen an heißen Sommertagen wohl. Es ist ganz leicht zu nähen. Sie können einen einfarbigen oder bunt gemusterten Stoff als Basis verwenden. Vielleicht haben Sie auch Lust, ein Meeresmotiv zu applizieren. Mich erinnert es an meine Kindheitsferien an der See.

MATERIAL

- ⊕ Schnittmuster für das ausgestellte Kleid (Bogen A pink; Linien für das Strandkleid)
- ⊕ Vorlage für das Meeresmotiv (S. 199)
- ⊕ 75 cm hellblauer Stoff, leicht bis mittelfest
- ⊕ Schneiderkreide
- ⊕ 10 × 100 cm mittelblauer Stoff für das Wasser
- ⊕ 10 × 100 cm dunkelblauer Stoff (oder breite Zackenlitze) für die Wellen
- ⊕ 75 × 10 cm Stoff für die Bindebänder
- ⊕ Haftvlies zum Aufbügeln
- ⊕ 15 × 15 cm gelber Stoff oder Filz für die Sonne
- ⊕ Kontrastfarbiger Stoff (uni oder gemustert) für das Boot
- ⊕ Farblich passendes Nähgarn

TIPP
Sie können die Bindebänder aus schmalen Stoffstreifen nähen oder stattdessen 2 cm breites, fertig gekauftes Satin- oder Ripsband verwenden.

ZUSCHNEIDEN

1. Zuerst die passende Größe für das Kind wählen (siehe S. 30). Das Schnittmuster für das ausgestellte Kleid in der richtigen Größe durchpausen, dabei den Linien für das Strandkleid folgen.

2. Den Kleiderstoff bügeln und ausbreiten, um Vorder- und Rückenteil im Ganzen zuschneiden zu können. Die Fadenlaufpfeile auf dem Schnittmuster müssen parallel zur Webkante verlaufen.

3. Die Umrisse der Schnittmuster mit Schneiderkreide auf den Stoff zeichnen. Die Nahtzugabe beträgt 1 cm. Die Teile sorgfältig zuschneiden.

APPLIKATIONEN

1. Eine Seitennaht schließen, die Nahtzugaben versäubern. Bügeln, dann das Kleid flach ausbreiten, rechte Seite oben.

2. Den mittelblauen Streifen rechts auf rechts an die Unterkante des Kleids stecken (er verlängert das Kleid; der Streifen wird nicht aufgesetzt). Überschüssigen Stoff an den Seiten abschneiden. Mit 1 cm Nahtzugabe zusammennähen. Die Nahtzugaben auseinanderbügeln und den angesetzten Streifen nach unten bügeln.

3. Für die Wellen können Sie breite Zackenlitze verwenden. Alternativ die Wellen anhand der vergrößerten Vorlage von Seite 199 aus dunkelblauem Stoff ausschneiden. Haftvlies auf die Rückseite bügeln. Das Trägerpapier abziehen und die Wellen genau über die Ansatznaht des »Wassers« bügeln. Ober- und Unterkante der Wellen knappkantig aufsteppen.

4. Die Sonne anhand der vergrößerten Vorlage von Seite 199 aus gelbem Stoff oder Filz zuschneiden und mit Haftvlies auf dem Vorderteil des Kleids befestigen. Ebenso mit dem kleinen Boot verfahren. Dafür können Sie Stoffe nach eigenem Geschmack verwenden.

5. Alle Motive knappkantig auf dem Hintergrundstoff feststeppen.

ZUSAMMENNÄHEN

1. Die offenen Stoffkanten an den Seiten, den Armausschnitten und den Oberkanten versäubern.

2. Die zweite Seitennaht schließen und auseinanderbügeln.

3. Die Kanten der Armausschnitte 5 mm nach links einschlagen und feststeppen. Bügeln.

4. Die geraden Oberkanten von Vorder- und Rückenteil 2,5 cm nach links umsteppen, aber die Enden offen lassen. So entstehen Tunnel für die Bindebänder.

5. Die Unterkante des Kleids doppelt säumen.

BINDEBÄNDER

1. Aus einfarbigem Stoff zwei Streifen von je
75 × 5 cm zuschneiden. Alle vier Kanten 5 mm nach
links umbügeln, dann den Streifen längs zur Hälfte
falten und nochmals bügeln. Die drei offenen Seiten
knappkantig zusammensteppen. Bügeln.

2. Fertig gekauftes Band auf Länge
schneiden. Danach die beiden kurzen
Enden einschlagen und säumen.

3. Die Bindebänder mit einer
großen Sicherheitsnadel durch die
Tunnel an Vorder- und Rückenteil
des Kleids ziehen.

Sommerkleid mit Wimpeln

So ein leichtes Sommerkleid lässt frische Luft an die Beine. Statt der Wimpelkette könnten Sie auch eine Wäscheleine mit Kleidungsstücken aus bunten Stoffen applizieren. Ein Schnittmuster für eine kurze Hose finden Sie auf Seite 118. So wird das kurze Kleid handstandtauglich.

MATERIAL

- Schnittmuster für das ausgestellte Kleid (Linien für das Strandkleid) und die Passe (Bogen A pink)
- Vorlage für die Wimpel (S. 200)
- 75 cm bedruckter Stoff in mittlerer Stärke
- Schneiderkreide
- 25 cm oder 1 Fat Quarter Baumwollstoff in Kontrastfarbe für Passe und Bindebänder
- Haftvlies zum Aufbügeln
- Verschiedene Stoffreste für die Wimpel
- Farblich passendes Nähgarn

ZUSCHNEIDEN

1. Zuerst die passende Größe für das Kind wählen (siehe S. 30). Das Schnittmuster für das ausgestellte Kleid durchpausen, dabei die richtige Größe und die Linien für das Strandkleid beachten.

2. Den Kleiderstoff bügeln und auf einer großen Arbeitsfläche ausbreiten, damit Sie Vorder- und Rückenteil jeweils in einem Stück zuschneiden können. Die Fadenlaufpfeile auf dem Schnittmuster müssen parallel zur Webkante verlaufen.

3. Die Umrisse der Schnittmuster mit Schneiderkreide auf den Stoff zeichnen. Die Nahtzugabe von 1 cm muss rundum hinzugefügt werden. Die Teile sorgfältig zuschneiden.

4. Das Schnittmuster für die Passe durchpausen und die Passe viermal aus kontrastfarbigem Stoff zuschneiden. Aus demselben Stoff vier Streifen von je 30 × 5 cm für die Bindebänder zuschneiden.

APPLIKATION

1. Eine Seitennaht schließen. Die Nahtzugaben versäubern und auseinanderbügeln. Das Kleid flach ausbreiten, rechte Seite oben.

2. Für die »Leine« mehrere Stoffstreifen von 5 mm Breite zuschneiden. Die Länge beträgt insgesamt etwa 75 cm. Auf die Rückseite Haftvlies bügeln. Alternativ können Sie ein fertig gekauftes Band verwenden. Den Verlauf der Leine mit Schneiderkreide auf Vorder- und Rückenteil des Kleids zeichnen. Die Enden müssen an der noch offenen Seitennaht genau zusammentreffen. Die Streifen feststecken, aufbügeln und aufsteppen.

3. Bunte Wimpel zuschneiden (Vorlage auf S. 200), Haftvlies auf die Rückseite bügeln. Die Wimpel entlang der Leine auf den Stoff bügeln, danach ringsherum knappkantig mit passendem Nähgarn feststeppen.

ZUSAMMENNÄHEN

1. Die noch offene zweite Seitennaht schließen, die Nahtzugaben versäubern.

2. Die Saumkante zweimal 1 cm breit nach links einschlagen, bügeln und absteppen.

3. Die Armausschnittkanten versäubern, dann 5 mm nach links umbügeln und absteppen.

4. Die Oberkanten von Vorder- und Rückenteil kräuseln (siehe S. 24).

PASSE UND BINDEBÄNDER

1. Für die Bindebänder vier Stoffstreifen von je 30 × 5 cm zuschneiden. An allen Streifen beide Längskanten und eine Schmalkante 5 mm nach links umbügeln. Dann den Streifen längs zur Hälfte falten und bügeln. Die offenen Kanten zusammensteppen.

2. Je zwei Passenteile rechts auf rechts legen, an jeder Ecke einen Träger dazwischenschieben. Seiten und Oberkanten der Passenteile stecken und zusammennähen. Dabei werden die Bindebänder mitgefasst.

3. Die Nahtzugaben an den Ecken schräg abschneiden. Wenden und bügeln.

4. Die vordere Lage der Passe rechts auf rechts ans Vorderteil stecken und mit 1 cm Nahtzugabe festnähen. Die Nahtzugaben Richtung Passe nach oben bügeln. Die Unterkante des Passenbelegs versäubern und nach Belieben mit Handstichen festnähen. Die hintere Passe ebenso verarbeiten.

NOCH EINFACHER

Anstelle der Passe können Sie
an Vorder- und Rückenteil auch
einfach einen Tunnel nähen (siehe
S. 84) und längere Bänder als
Träger durchziehen.

Dann müssen Sie allerdings beim
Zuschnitt an den Oberkanten
für die Tunnel noch jeweils 3 cm
zugeben.

FERTIGSTELLUNG

Die Passe ringsherum mit 5 mm
Kantenabstand absteppen.

Sommer-Set fürs Baby

In diesem niedlichen Hängerchen wird es den Kleinen auch im Buggy nicht zu warm. Die Anleitung für die passende kurze Hose finden Sie auf Seite 118, aber auch ohne sieht das kurze Kleidchen süß aus. Das Gummiband an der Oberkante sorgt dafür, dass das Kleidchen nicht so leicht verrutscht.

MATERIAL

- ⊕ Schnittmuster für das ausgestellte Kleid (Bogen A pink; Linien für das Strandkleid)
- ⊕ 75 cm bedruckter Stoff in mittlerer Stärke
- ⊕ Schneiderkreide
- ⊕ 25 cm oder 1 Fat Quarter Stoff für Bindebänder und Taschen, alternativ 1,20 m fertiges Band für die Bindebänder
- ⊕ Farblich passendes Nähgarn
- ⊕ 1,5 m schmales Gummiband für die Taschen und die Oberkanten

ZUSCHNEIDEN

1. Zuerst die passende Größe für das Kind wählen (siehe S. 30). Das Schnittmuster für das ausgestellte Kleid durchpausen, dabei die richtige Größe und die Linien für das Strandkleid beachten.

2. Den Kleiderstoff bügeln und ausbreiten, damit Sie Vorder- und Rückenteil jeweils im Ganzen zuschneiden können. Die Fadenlaufpfeile auf dem Schnittmuster müssen parallel zur Webkante verlaufen.

3. Die Umrisse der Schnittmuster mit Schneiderkreide auf den Stoff zeichnen. Die Nahtzugabe beträgt 1 cm. Die Teile sorgfältig zuschneiden.

BINDEBÄNDER UND TASCHEN

1. Für die Bindebänder aus kontrastfarbigem Stoff vier Stoffstreifen von je 30 × 5 cm zuschneiden. An allen Streifen beide Längskanten und eine Schmalkante 5 mm nach links umbügeln. Dann den Streifen längs zur Hälfte falten und bügeln. Die offenen Kanten zusammensteppen. Wenn Sie fertiges Band verwenden, dieses vierteln (4 Stücke à 30 cm) und nur je ein Ende einschlagen und säumen.

2. Aus kontrastfarbigem Stoff zwei Taschen zuschneiden. Die Schnitt-kanten versäubern. Seiten und gerundete Unterkante 5 mm nach links umbügeln, die Oberkante 1 cm nach links umbügeln und feststeppen. Das Gummiband durch den oberen Tunnel ziehen, den Stoff etwas raffen, dann das Gummiband an beiden Enden festnähen (siehe S. 50). Einfacher ist es, wenn Sie glatt aufgesetzte Taschen arbeiten.

3. Die Taschen auf das Vorderteil des Kleids stecken und feststeppen. Anfang und Ende der Naht verriegeln oder mit kleinen Dreiecken sichern.

4. Die Seitennähte des Kleids schließen und die Nahtzugaben versäu-bern. Bügeln.

FERTIGSTELLUNG

1. Die Armausschnitt- und Oberkanten mit Zickzack- oder Overlockstich versäubern.

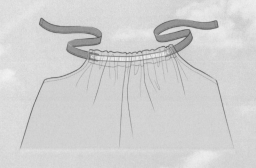

2. Die Armausschnittkanten 5 mm nach links einschlagen und feststeppen. Alternativ zweimal 3 mm nach links einschlagen und feststeppen.

3. Zwei Stücke Gummiband von 14 cm Länge (oder nach Bedarf) zuschneiden. An jedes Gummibandende ein Bindeband nähen.

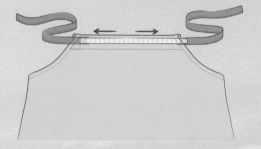

4. Die Oberkante des Vorderteils 2 cm nach links umbügeln und knappkantig feststeppen. Das Gummiband mit einer Sicherheitsnadel durch den Tunnel ziehen und den Stoff darauf zusammenraffen. Die Seiten des Tunnels so zunähen, dass das Gummiband nicht herausschaut. An der Oberkante des Rückenteils wiederholen.

5. An der Unterkante des Kleids einen 1 cm breiten doppelten Saum umbügeln und feststeppen.

Schürzenkleid mit Haus

Dieses Kleid ist im Rücken pfiffig verarbeitet. Der Schnitt ist trotzdem einfach und in der großen Tasche lässt sich
alles verstauen, was ein kleines Mädchen
so braucht. Vielleicht möchten Sie die
Applikation Ihrem eigenen Haus nach-
empfinden? Sie könnten auch ein Pfeffer-
kuchenhaus oder eine schicke Stadtvilla
applizieren. Die gekreuzten Träger sehen
schön nostalgisch aus. Es kann solo als
Sommerkleid getragen werden oder an
kühleren Tagen mit einem Shirt darunter.

MATERIAL

- Schnittmuster für das
  Schürzenkleid (Bogen A pink)
- 100 cm einfarbiger Stoff in
  mittlerer Stärke, z. B. Denim,
  Cord, Leinen oder Canvas
- Schneiderkreide
- 20 × 17 cm Stoff für die Tasche
- Kontrastfarbiger Stoff für
  Fenster, Tür und Dach (uni
  oder gemustert)
- Haftvlies zum Aufbügeln
- Ca. 30 cm Gummiband,
  2 cm breit
- Nähgarn, passend oder
  kontrastfarbig
- 20 cm Baumwollband, 1 cm
  breit (oder selbst genähtes
  Band)

ZUSCHNEIDEN

1. Zuerst die passende Größe für das Kind wählen (siehe S. 30). Das
Schnittmuster für das Schürzenkleid, den Beleg des Latzes, die aufgesetzte Tasche und das »Dach« durchpausen, dabei die Linien für die
gewählte Größe und den vertieften Rücken beachten.

2. Den Kleiderstoff bügeln und auf einer großen Arbeitsfläche ausbreiten, damit Sie Vorder- und Rückenteil jeweils im Ganzen zuschneiden
können. Die vordere und hintere Mitte müssen parallel zur Webkante
verlaufen.

3. Die Umrisse der Schnittmuster mit Schneiderkreide auf den Stoff
zeichnen. Die Nahtzugabe beträgt 1 cm, die Saumzugabe und die
Zugabe beim Rückenteil an der Taille beträgt 3 cm. Die Teile sorgfältig
zuschneiden.

4. Für die Träger zwei Stoffstreifen à 85 × 7 cm zuschneiden.

TASCHE UND APPLIKATIONEN

1. Die Stoffe für Dach, Fenster und Tür aussuchen. Haftvlies auf die Rückseite der Stoffstücke bügeln, dann die Teile exakt zuschneiden. Das Dach ist auf dem Schnittmusterbogen eingezeichnet, Fenster und Tür sind einfache Rechtecke.

2. Die Tasche zuschneiden und die Schnittkanten versäubern.

3. Tür und Fenster auf der Tasche anordnen, aber am oberen Taschenrand mindestens 2,5 cm frei lassen. Ein Bügeltuch auflegen und die Teile aufbügeln.

4. Tür und Fenster knappkantig mit passendem oder kontrastfarbigem Garn aufsteppen.

5. Die Oberkante der Tasche 2,5 cm nach links umbügeln und feststeppen. Die drei übrigen Kanten 1 cm nach links umbügeln.

6. Die Tasche mittig auf das Vorderteil des Kleids legen, stecken und knappkantig feststeppen. Anfang und Ende der Naht mit Rückstichen verriegeln. Die Oberkante der Tasche bleibt offen.

7. Das Dach knapp über der Tasche aufbügeln und rundherum knappkantig feststeppen.

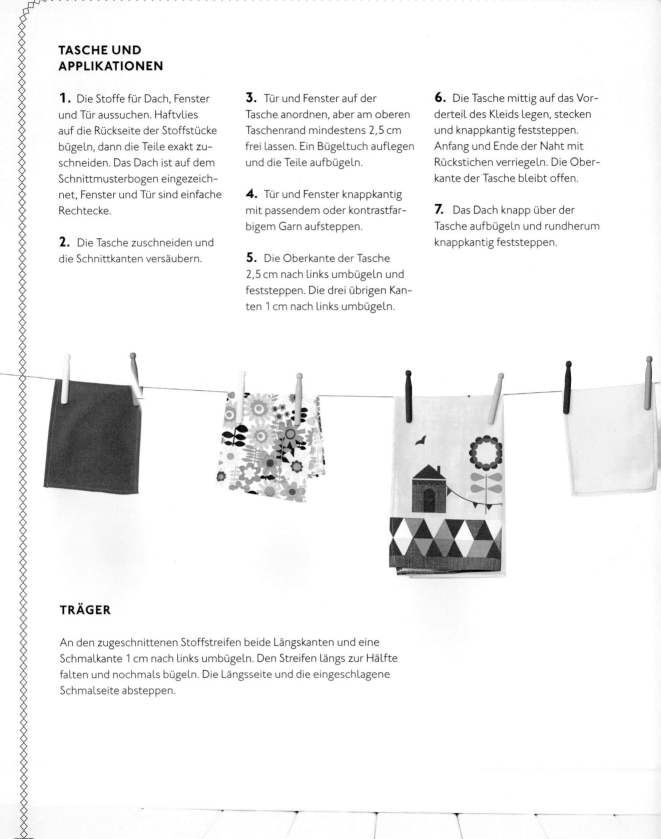

TRÄGER

An den zugeschnittenen Stoffstreifen beide Längskanten und eine Schmalkante 1 cm nach links umbügeln. Den Streifen längs zur Hälfte falten und nochmals bügeln. Die Längsseite und die eingeschlagene Schmalseite absteppen.

ZUSAMMENNÄHEN

1. Die Oberkante des Rückenteils 1 cm nach links umbügeln. Nochmals 2,5 cm umbügeln und knappkantig feststeppen.

2. Das Gummiband mit einer großen Sicherheitsnadel durch den so entstandenen Tunnel ziehen. Den Stoff gleichmäßig kräuseln, dann die Enden des Tunnels zusteppen, dabei das Gummiband fixieren. Die erforderlichen Gummibandlängen sind: 6 Monate–2 Jahre: 20 cm; 3–4 Jahre: 23 cm; 5–6 Jahre: 25 cm.

3. Nun Vorder- und Rückenteil des Kleids rechts auf rechts legen. Beide Seitennähte schließen und die Nahtzugaben versäubern.

4. Die Träger an die oberen Ecken des Vorderteils anlegen.

5. Das Baumwollband in zwei Stücke à 10 cm schneiden. Jedes Stück zu einer Schlaufe legen und entsprechend der Markierung auf dem Schnittmuster ans Vorderteil nähen.

6. Den Beleg für den Latz rechts auf rechts auf das Vorderteil legen, stecken und an Seiten und Oberkante festnähen, dabei Träger und Schlaufen mitfassen. Die Nahtzugaben an den Ecken einkerben. Auf rechts wenden und bügeln.

7. Die Unterkante des Belegs mit Zickzack- oder Overlockstich versäubern.

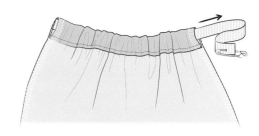

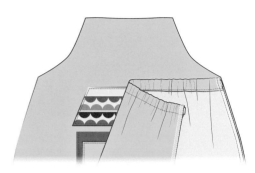

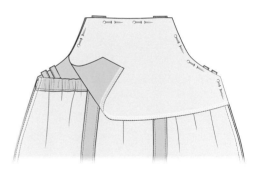

FERTIGSTELLUNG

1. Den Latz von rechts mit 5 mm Kantenabstand absteppen.

2. An der Unterkante einen schmalen doppelten Saum umsteppen.

3. Den Beleg innen von Hand mit unauffälligen Stichen festnähen.

4. Das Kleid anziehen, die Träger im Rücken kreuzen, durch die Schlaufen ziehen und zur Schleife binden.

Schürze für kleine Helfer

Kleine Familienmitglieder helfen gerne, erst recht, wenn sie dafür eine zünftige Schürze haben. Dieses Modell gelingt auch Nähneulingen und obendrein sieht es niedlich aus, wenn es an der Tür hängt. Suchen Sie Stoffe nach eigenem Geschmack aus und bringen Sie hübsche Applikationen oder eine praktische Tasche an.

MATERIAL

- Schnittmuster für das Schürzenkleid (Bogen A pink; nur Vorderteil)
- 50 × 60 cm robuster Stoff (Denim, Segeltuch, Canvas oder Wachstuch)
- Schneiderkreide
- 1,5 m Baumwollripsband, 3 cm breit
- Stoff für die Tasche und die Applikationen
- Borten oder Litzen
- Farblich passendes Nähgarn
- Haftvlies zum Aufbügeln

ZUSCHNEIDEN

1. Die Schürze hat eine Einheitsgröße für Kinder von 1–4 Jahren. Pausen Sie das Schnittmuster durch. Wenn das Kind älter oder größer ist, verlängern Sie die Schürze einfach.

2. Den Stoff bügeln und auf der Arbeitsfläche ausbreiten. Schürze und Tasche zuschneiden. Die Nahtzugabe beträgt 1 cm, nur an der Oberkante der Tasche werden 2 cm zugegeben.

3. Für Halsträger und Bindebänder drei Stücke Baumwollband à 50 cm Länge zuschneiden.

TASCHE UND BÄNDER

1. Die Oberkante der Tasche zweimal 1 cm nach links umbügeln und feststeppen.

2. An jedem Bindeband ein Ende zweimal einschlagen und feststeppen.

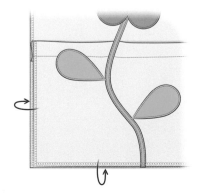 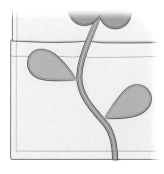

> ### TIPP
> Aufgesetzte Taschen oder eine große Bauchtasche sind praktisch. Applizieren Sie vereinfachte Motive von Garten- oder Küchenutensilien oder greifen Sie auf die Vorlagen aus diesem Buch zurück, beispielsweise Wolke und Regenbogen. Alle können auch auf Erwachsenenformat vergrößert werden.

VARIANTE A
SCHÜRZE MIT BLUME

1. Stoffe für die Applikationen aussuchen. Blume und Blätter ausschneiden (z. B. Vorlage auf S. 197), außerdem einen 1 cm breiten gebogenen Streifen für den Stiel.

2. Haftvlies auf die Rückseiten der Applikationen bügeln. Die Tasche auf die Schürze legen. Vom Saum zur Oberkante eine Linie für den Stiel anzeichnen. Die Blätter auf die Tasche bügeln. Die Tasche abnehmen und die Blätter knappkantig feststeppen.

3. Nun die Außenkanten der Tasche auf die Schürze nähen. Bügeln. Den Stiel aufbügeln und aufnähen. Dadurch wird die Tasche in zwei Fächer unterteilt. Zuletzt die Blüte oberhalb der Tasche aufbügeln und knappkantig feststeppen. Bügeln.

VARIANTE B
SCHÜRZE MIT STERN

1. Den Stern gemäß Vorlage (siehe S. 208) ausschneiden und Haftvlies auf die Rückseite bügeln. Das Trägerpapier abziehen, den Stern auf die Tasche bügeln und knappkantig feststeppen.

2. An der Oberkante der Tasche einen doppelten, 1 cm breiten Saum umsteppen. Die anderen Kanten 1 cm nach links umbügeln, dann die Tasche auf die Schürze nähen. Anfang und Ende der Naht mit Rückstichen verriegeln. Bügeln.

FERTIGSTELLUNG

1. Jetzt müssen die Kanten der Schürze versäubert werden, damit sie nicht ausfransen. Am einfachsten geht das mit einem Overlock- oder Zickzackstich. Wenn Sie Wachstuch oder einen beschichteten Stoff verarbeiten, können Sie auf das Versäubern verzichten.

2. Den Halsträger und die Bindebänder an ihre Positionen stecken und festnähen.

3. Alle Kanten 1 cm nach links umbügeln und absteppen. An den Ansätzen der Träger und Bänder doppelt nähen, damit sie besser halten.

4. Alle Kanten bügeln.

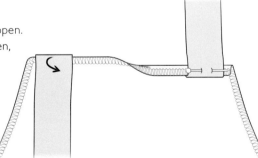

Künstler-kittel

... ODER SWEATERKLEID MIT SONNENAUFGANG

Dieses langärmelige Kleid können Sie aus den verschiedensten Stoffen nähen: Baumwolldrucke oder Leinen für den Sommer, Chambray oder Cord für den Winter. Auch weicher Jersey oder Sweatshirtstoff sind bestens geeignet. Das Kleid auf dem Foto links ist aus Jeansstoff genäht. Die großen, bunten Taschen geben ihm einen individuellen Look. Das kuschelige Kleid aus grau meliertem Sweatshirtstoff (siehe S. 107) hat eine große Bauchtasche und eine fröhliche, applizierte Sonne. Wenn Sie Jersey oder Sweatshirtstoff verarbeiten, müssen Sie einen Stretchstich einstellen, damit die Nähte elastisch sind und nicht reißen, wenn der Stoff gedehnt wird. Für ein Oberteil schneiden Sie nur den oberen Teil des Schnittmusters bis zur Ansatzlinie der Tasche zu.

MATERIAL

- ⊕ Schnittmuster für das lang-ärmelige Kleid, Ärmel und Tasche (Bogen A pink)
- ⊕ 1,5 m Stoff für das Kleid
- ⊕ Schneiderkreide
- ⊕ Kontrastfarbiger Stoff (ge-mustert oder uni) für Taschen und/oder Applikationen
- ⊕ Farblich passendes Nähgarn
- ⊕ Haftvlies zum Aufbügeln
- ⊕ 50 cm Gummiband, 1 cm breit

ZUSCHNEIDEN

1. Zuerst die passende Größe für das Kind wählen (siehe S. 30). Die Schnittmuster für das Kleid und den Ärmel durchpausen, dabei die Linien für die richtige Größe beachten. Sie brauchen ein Schnittmuster für das Vorderteil (tieferer Ausschnitt) und eins für das Rückenteil.

2. Den Stoff bügeln und auf einer großen Arbeitsfläche ausbreiten, damit Sie Vorderteil, Rückenteil und Ärmel jeweils im Ganzen zuschnei-den können. Die Fadenlaufpfeile auf dem Schnittmuster müssen parallel zur Webkante verlaufen. Entscheiden Sie selbst, ob Sie Vorder- und Rückenteil jeweils in einem Stück zuschneiden oder quer teilen möchten.

3. Die Umrisse der Schnittmuster mit Schneiderkreide auf den Stoff zeichnen. Die Nahtzugabe beträgt 1 cm, die Saumzugabe 2 cm. Die Teile sorgfältig zuschneiden.

4. Aus Kleiderstoff oder kontrastfarbigem Stoff eine oder zwei Taschen zuschneiden.

5. Zum Einfassen des Halsausschnitts aus Kleiderstoff (unser Modell hat eine kontrastfarbene Einfassung!) einen Schrägstreifen von 60 × 4 cm zuschneiden.

TASCHE

1. Wenn Sie Vorder- und Rückenteil quer geteilt haben, müssen Sie die oberen und unteren Teile zuerst rechts auf rechts aufeinanderlegen und zusammennähen. Die Nahtzugaben versäubern, dann bügeln.

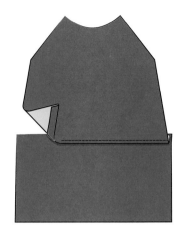

2. Alle Kanten der Tasche(n) versäubern. Die Oberkante 1 cm nach links umbügeln, dann nochmals 2 cm. Den Saum absteppen. Ich habe die Taschen mit einem andersfarbigen Streifen eingefasst (siehe S. 19). Wenn Sie eine Bauchtasche nähen, bügeln Sie nun Unter- und Seitenkanten nach links um und legen die Tasche mittig auf das Kleid. Soll das Kleid zwei Taschen haben, muss an jeder nur eine Seiten- und die Unterkante umgebügelt werden. Die Taschen so auf das Kleid legen, dass die noch offenen Seitenkanten später in der Seitennaht mitgefasst werden.

3. Für die Applikation die Sonne von Seite 201 durchpausen. Haftvlies auf die Rückseite des gelben Stoffs sowie auf Stoffreste für Augen, Wangen und Mund bügeln. Die Motive auf den Stoff zeichnen und sauber ausschneiden. Das Trägerpapier abziehen, dann die Motive auf das Vorderteil des Kleids legen und aufbügeln. Rundherum knappkantig mit farblich passendem Nähgarn feststeppen.

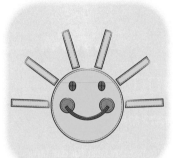

4. Die Tasche(n) aufsteppen. Anfang und Ende der Naht mit Rückstichen verriegeln oder mit kleinen gesteppten Dreiecken sichern.

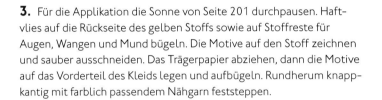
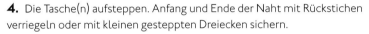

ZUSAMMENNÄHEN

1. Die Raglannähte rechts auf rechts an Vorder- und Rückenteil und Ärmeln nähen, versäubern und bügeln. Dadurch ist der Halsausschnitt geschlossen.

2. Den Umfang des Halsausschnitts ausmessen. Den Schrägstreifen auf dieses Maß zuzüglich 2 cm zuschneiden. Die Schmalseiten des Schrägstreifens zusammennähen, sodass ein Ring entsteht.

3. Den Ring rechts auf rechts faltenlos an den Halsausschnitt stecken. Den Streifen annähen, dann zur Innenseite des Kleids umschlagen, sodass er die Schnittkante am Halsausschnitt verdeckt.

4. Die unversäuberte Längskante des Streifens einschlagen, dann den Streifen sorgfältig knappkantig festnähen. Dabei eine etwa 2 cm große Lücke lassen. Durch diese Lücke das Gummiband mithilfe einer Sicherheitsnadel durch den entstandenen Tunnel fädeln. Die Enden des Gummibands zusammennähen, dann die Lücke in der Naht der Einfassung zunähen.

5. Vorder- und Rückenteil rechts auf rechts legen. Seitennaht und Ärmelnaht auf jeder Seite in einem Zug schließen. Versäubern und bügeln.

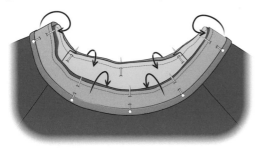 

FERTIGSTELLUNG

Die Unterkanten der Ärmel und des Kleids zuerst 1 cm, dann 2 cm nach links einschlagen und absteppen. Wenn Sie elastischen Stoff verwenden, versäubern Sie die Stoffkanten, bügeln einen einfachen Saum vom 2,5 cm Breite um und steppen ihn fest.

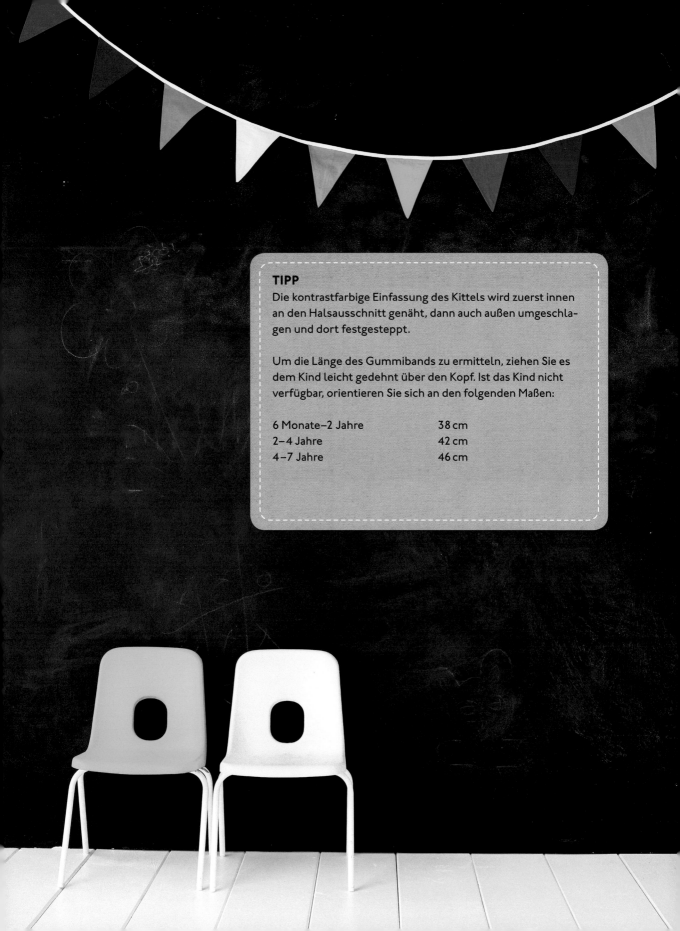

TIPP

Die kontrastfarbige Einfassung des Kittels wird zuerst innen
an den Halsausschnitt genäht, dann auch außen umgeschla-
gen und dort festgesteppt.

Um die Länge des Gummibands zu ermitteln, ziehen Sie es
dem Kind leicht gedehnt über den Kopf. Ist das Kind nicht
verfügbar, orientieren Sie sich an den folgenden Maßen:

6 Monate–2 Jahre	38 cm
2–4 Jahre	42 cm
4–7 Jahre	46 cm

2

Röcke & Hosen

Weiter Rock mit Drachen

Dieser niedliche Rock aus leichtem bis mittelfestem Stoff hat eine Applikation, die sich ringsherum zieht. Er ist so simpel zu nähen, dass Sie sogar ohne Schnittmuster auskommen.

MATERIAL

- 50 cm Stoff, 110 cm oder 150 cm breit
- Schneiderkreide
- Vorlage für den Drachen (S. 202)
- Schmales Band für die Drachenschnur
- Verschiedene Stoffreste für den Drachen
- Mehrfarbiges Band für die Schleifen
- Haftvlies zum Aufbügeln
- 60 cm Gummiband, 2 cm breit
- Farblich passendes Nähgarn

ZUSCHNEIDEN

1. Zuerst den Taillenumfang des Kindes messen und ein Stück Gummiband zuschneiden, das 5 cm kürzer ist. Dann die Länge des Rocks festlegen und für Saum und Taillenbündchen 4 cm addieren. Ein Stoffrechteck über die ganze Stoffbreite in dieser Größe zuschneiden. Der Fadenlauf verläuft von oben nach unten.

2. Haftvlies auf die Rückseiten der Stoffe für den Drachen bügeln. Anhand der Vorlage auf Seite 202 vier Dreiecke zuschneiden.

APPLIKATION

1. Die Position des Drachens an einer Seite des Rockstoffs anzeichnen. Freihändig für die Drachenschnur eine Linie mit einer Schlaufe zeichnen. Das schmale Band auf diese Linie steppen.

2. Das Trägerpapier von den Drachendreiecken abziehen. Die Dreiecke an einem Ende der Drachenschnur auf dem Rockstoff zurechtlegen, aufbügeln und knappkantig feststeppen.

3. Aus dem buntem Band kleine Schleifen auf die Drachenschnur nähen. Dafür 15 cm lange Stücke vom Band abschneiden, wie links gezeigt zusammenfalten und nähen. Dabei ein kleines Fältchen einlegen.

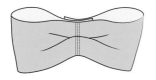

ZUSAMMENNÄHEN

1. Alle Kanten des Rockstoffs mit Overlock- oder Zickzackstich versäubern.

2. Den Rockstoff rechts auf rechts zur Hälfte legen und die Seitennaht schließen. Die Nahtzugaben auseinanderbügeln.

3. An Ober- und Unterkante jeweils einen 2 cm breiten Saum nach links umbügeln und feststeppen. An der Oberkante eine 2 cm große Öffnung in der Naht lassen.

4. Das Gummiband mithilfe einer großen Sicherheitsnadel durch den oberen Tunnel fädeln und seine beiden Enden zusammennähen. Dabei das Gummiband nicht verdrehen! Die Öffnung in der Naht des Tunnels zunähen.

5. Die Rockweite gleichmäßig auf dem Gummiband verteilen. Dann an beiden Seiten eine kurze Naht quer über das Gummiband steppen, damit es sich beim Tragen oder Waschen nicht im Tunnel verdrehen kann und die Verteilung der Fältchen so bleibt.

Karussellrock

An diesem Rock werden temperamentvolle Mädchen Freude haben. Ich habe dafür kräftige Unistoffe gewählt, Sie könnten aber auch gemusterte Stoffe verwenden. Patchworkstoffe werden in vielen Mustern und abgestimmten Farben angeboten. Zum Zuschneiden der Rockbahnen brauchen Sie nur ein einziges Schnittmuster.

MATERIAL

- ⊕ Schnittmuster für den Karussellrock (Bogen B pink)
- ⊕ 4 verschiedene Stoffe von je 50 × 50 cm
- ⊕ Schneiderkreide
- ⊕ Gummiband für die Taille, 1,5 cm breit
- ⊕ Farblich passendes Nähgarn

ZUSCHNEIDEN UND NÄHEN

1. Zuerst die passende Größe für das Kind wählen (siehe S. 30). Das Schnittmuster für den Karussellrock durchpausen, dabei die Linien für die gewählte Größe beachten.

2. Die Stoffe für die acht Bahnen so kombinieren, dass sich schöne Kontraste ergeben. Ich habe vier Stoffe verarbeitet und aus jedem zwei Bahnen zugeschnitten.

3. Die Stoffe bügeln und ausbreiten. Das Schnittmuster an der Querlinie durchschneiden und das Bahnenelement auflegen.

4. Den Umriss mit Schneiderkreide anzeichnen, dabei an den Seiten 1 cm, am Saum 2 cm und in der Taille 5 cm zugeben.

5. Alle Bahnen an ihren Längskanten zusammennähen. Die Reihenfolge bestimmen Sie selbst. Alle Stoffkanten mit Zickzackstich versäubern.

TIPP
Dieser Rock eignet sich bestens, um Reste von Lieblingsstoffen (oder zu klein gewordene Kleidungsstücke) zu recyceln. Statt der Bogenkante können Sie auch eine Reihe bunter Zacken an den Saum setzen.

BÖGEN

1. Für die Bögen brauchen Sie 16 Halbkreise aus Stoff. Zu den hier genannten Durchmessern geben Sie beim Zuschneiden an allen Seiten 1 cm zu.
6 Monate–2 Jahre: 14 cm
3–5 Jahre: 16 cm
5–8 Jahre: 18 cm

2. Für jeden Bogen zwei Halbkreise rechts auf rechts legen und entlang der Rundung mit 1 cm Nahtzugabe zusammennähen.

3. Die Nahtzugaben an den Rundungen einschneiden. Den Bogen auf rechts wenden und bügeln.

4. Alle Halbkreise so verarbeiten, sodass Sie acht Bögen haben.

TIPP
Wenn Sie statt der Bögen lieber Zacken ansetzen möchten, schneiden Sie, je nach Rockgröße, acht Rechtecke von 14 × 7 cm, 16 × 8 cm oder 18 × 9 cm zu. Jedes Rechteck quer zur Hälfte falten und an einer Seite mit 2 cm Nahtzugabe zusammennähen. Die Nahtzugabe an der Ecke schräg abschneiden (siehe S. 74), dann wenden und die Naht in die hintere Mitte legen, sodass ein Dreieck entsteht. Bügeln.

FERTIGSTELLUNG

1. Die Bögen mit der geraden Kante an die Rockbahnen stecken und mit 1 cm Nahtzugabe festnähen. Die Nahtzugaben in einem Durchgang versäubern und Richtung Rock nach oben bügeln. Knappkantig feststeppen, damit der Rocksaum glatt liegt.

2. Sie können auf der Innenseite ein 2 cm breites Band aufnähen, das die Ansatznaht der Bögen verdeckt.

3. Die Taillenkante versäubern und 2 cm nach links umbügeln. Nochmals 3 cm nach links umbügeln und knappkantig feststeppen, dabei aber eine etwa 3 cm lange Öffnung zum Einziehen des Gummibands lassen.

4. Den Taillenumfang des Kindes messen und ein Stück Gummiband zuschneiden, das etwa 3 cm kürzer ist.

5. Das Gummiband mit einer großen Sicherheitsnadel durch den Tunnel ziehen. Die Enden des Gummibands zusammennähen. Darauf achten, dass das Gummiband nicht verdreht wird.

6. Die Öffnung in der Taillennaht zunähen und die Stoffweite gleichmäßig auf dem Gummiband verteilen.

Babyhöschen

Diese bequeme kurze Hose passt gut unter ein kürzeres Sommerkleid oder ein Hängerchen. Das Schnittmuster ist so gestaltet, dass auch eine Windel in der Hose Platz hat. Wer möchte, näht auf das Hinterteil noch niedliche Rüschen.

MATERIAL

- Schnittmuster für die kurze Hose (Bogen B schwarz)
- 25 cm Stoff, alternativ 1 Fat Quarter
- Schneiderkreide
- 1,10 m Gummiband, 5 mm breit
- Farblich passendes Nähgarn

ZUSCHNEIDEN

1. Zuerst die passende Größe für das Kind ermitteln (siehe unten). Das Schnittmuster durchpausen, dabei die Linien für die richtige Größe und die unterschiedlichen Beinausschnitte von hinterem und vorderem Teil beachten.

2. Den Stoff bügeln und flach ausbreiten. Die rechte Stoffseite liegt oben. Das Schnittmuster auflegen und die beiden Teile mit 1 cm Nahtzugabe an allen Seiten zuschneiden.

ZUSAMMENNÄHEN

1. Alle Kanten mit Zickzack- oder Overlockstich versäubern. Die Hosenteile rechts auf rechts legen. Schrittnaht und Seitennähte steppen. Anfang und Ende der Nähte mit Rückstichen verriegeln.

2. Ein Stück Gummiband für die Taille und zwei Stücke für die Beine zuschneiden. Orientieren Sie sich an der Tabelle unten und passen Sie die Längen bei Bedarf den Maßen des Kindes an. Die Enden jedes Gummibands zusammennähen, sodass Ringe entstehen.

DIE GUMMIBÄNDER EINNÄHEN

Die Kanten an Beinen und Taille nach links umbügeln und feststeppen, dabei das Gummiband unter die eingeschlagene Stoffkante legen.

LÄNGE GUMMIBAND	Taille (1×)	Bein (2×)
6–18 Monate	44 cm	27 cm
18 Monate–3 Jahre	48 cm	30 cm

Pumphose

So eine Pumphose sieht unter einem ausgestellten, kurzen Kleidchen schön nostalgisch aus.
Sie wird nach dem Schnittmuster für die Spielhose zugeschnitten, endet aber in der Taille.

MATERIAL

- ⊕ Schnittmuster für die Spielhose (Bogen A pink; nur unterer Teil ab »Taille Pumphose«)
- ⊕ 60 cm Stoff in mittlerer Stärke
- ⊕ Schneiderkreide
- ⊕ 100 cm Gummiband, 1 cm
  breit
- ⊕ Farblich passendes Nähgarn

ZUSCHNEIDEN

1. Zuerst die passende Größe für das Kind aussuchen. Das Schnittmuster für die Spielhose durchpausen, dabei die Linien für die gewählte
Größe beachten und entlang der Taillenlinie für die Pumphose
abschneiden.

2. Den Stoff bügeln und flach auf einer Arbeitsfläche ausbreiten, damit
Sie das vordere und das hintere Teil jeweils im Ganzen zuschneiden
können. Die Fadenlaufpfeile müssen parallel zur Webkante liegen. Die
Linie für das Beinbündchen anzeichnen. Die beiden Hosenteile mit 1 cm
Nahtzugabe zuschneiden.

ZUSAMMENNÄHEN

1. Die Unterkanten der Hosenbeine zweimal 5 mm nach links umbügeln und feststeppen. Bügeln.

2. Gummibänder in die Hosenbeine einnähen: Dafür in der Mitte des Beinbündchens auf der linken Stoffseite eine Linie anzeichnen und dort ein 22 cm langes Stück Gummiband aufsteppen. Das Gummiband muss beim Nähen etwas gedehnt werden, damit der Stoff später gerafft ist. Für die kleineren Größen brauchen Sie eventuell etwas weniger Gummiband.

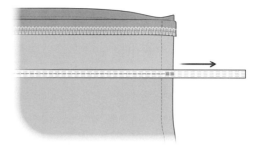

3. Die beiden Hosenteile rechts auf rechts legen und die vordere und hintere Mittelnaht steppen. Versäubern und bügeln.

4. Nun die inneren Beinnähte mit einer durchgehenden Naht schließen. Ebenfalls versäubern und bügeln.

5. Die Taillenkante versäubern und 1,5 cm nach links umbügeln. Knappkantig feststeppen, dabei eine 1,5 cm große Öffnung zum Einziehen des Gummibands lassen.

6. Den Taillenumfang des Kindes messen (oder einen Richtwert von S. 30 verwenden) und ein Stück Gummiband zuschneiden, das 5 cm kürzer ist.

7. Das Gummiband mit einer großen Sicherheitsnadel durch den Tunnel ziehen. Die Enden des Gummibands zusammennähen, dabei darauf achten, dass das Gummiband nicht verdreht ist. Anschließend die Öffnung in der Naht schließen.

8. Die Stoffweite gleichmäßig auf dem Gummiband verteilen.

Wendehose

Diese Hose ist besonders robust, weil sie aus zwei Stofflagen besteht. Eine Seite ist auf dem Hosenboden mit einem lustigen Motiv verziert. Suchen Sie zwei Stoffe aus, die gut zusammenpassen, vielleicht einen einfarbigen und einen gemusterten. Für die Wintermonate empfehlen sich Stoffe, die schön weich und warm sind. Ich habe auf einem Hosenbein ein kleines Segelschiff appliziert. Für Kinder im Krabbelalter applizieren Sie am besten Motive auf die Knie. Der große Kreis auf dem Hosenboden wird durch Dreiecke zur Sonne. Vielleicht möchten Sie ihn mit Augen und Ohren variieren?

MATERIAL

- Schnittmuster für die Latzhose (Bogen B pink; ohne Latz)
- Vorlage für das Seegelboot (S. 199)
- 2 × 75 cm Stoff, für Kinder bis 1 Jahr genügen 2 × 50 cm
- Schneiderkreide
- 60 cm Gummiband, 2 cm breit
- Nähgarn, farblich passend oder in Kontrastfarbe

ZUSCHNEIDEN

1. Zuerst die passende Größe für das Kind aussuchen (siehe unten). Das Schnittmuster für die Latzhose bis zur Taillenlinie durchpausen, dabei die Linien für die gewählte Größe beachten.

2. Beide Stoffe bügeln, rechts auf rechts doppelt falten und auf einer großen Arbeitsfläche ausbreiten. Sie können die Stoffe exakt aufeinanderlegen, um beide Hosen in einem Arbeitsgang zuzuschneiden. Das Schnittmuster auflegen. Der Fadenlaufpfeil muss parallel zur Webkante verlaufen. Mit 1 cm Nahtzugabe zuschneiden. Sie benötigen ein rechtes und ein linkes Hosenteil aus jedem der beiden Stoffe.

GRÖSSEN

Alter	Körpergröße
6–18 Monate	bis 80 cm
18 Monate–3 Jahre	bis 98 cm
3–5 Jahre	bis 110 cm

RÖCKE & HOSEN

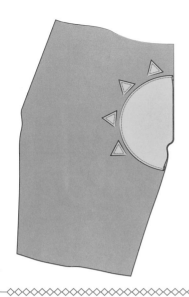

APPLIKATION

Aus kontrastfarbigem Stoff zwei Teile für die Applikation auf dem Hosenboden zuschneiden (die Kontur ist im Hosenschnittmuster eingezeichnet). Die Motive auf die Hosenteile stecken und knappkantig feststeppen. Die Applikation sieht nicht nur lustig aus, sondern erhöht die Strapazierfähigkeit der Hose. Für eine Sonne können Sie ringsherum zusätzliche Dreiecke applizieren.

Sollte für die andere Hosenseite ebenfalls eine Applikation gewünscht werden, diese nun aufbringen. Die Vorlage für das Segelboot finden Sie auf Seite 199.

ZUSAMMENNÄHEN

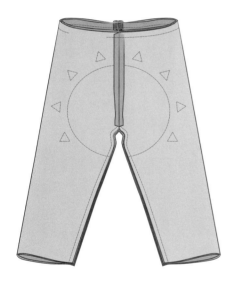

1. Zwei Hosenteile aus gleichem Stoff rechts auf rechts aufeinanderlegen und die vordere und hintere Mittelnaht steppen – am besten zweimal, damit sie gut hält. Die Schnittkanten versäubern und die Naht bügeln. Mit den beiden Hosenteilen aus dem anderen Stoff wiederholen.

2. An beiden Hosen die inneren Beinnähte schließen.

3. Jetzt eine Hose auf rechts drehen und so in die andere schieben, dass die rechten Stoffseiten der beiden Hosen aufeinanderliegen.

4. Die beiden Hosen auf der Taillenlinie zusammennähen.

5. Die Hosen durch ein Hosenbein auf rechts wenden und die Taillenlinie sorgfältig bügeln.

6. 2,5 cm unter der Taillenkante einen Tunnel absteppen.

7. Den Taillenumfang des Kindes messen (oder einen Richtwert von Seite 30 verwenden). Ein Stück Gummiband zuschneiden, das 5 cm kürzer ist.

8. Um das Gummiband mithilfe einer großen Sicherheitsnadel durch den Tunnel zu fädeln, die hintere Schnittnaht einige Stiche auftrennen. Die Enden des Gummibands zusammennähen. Darauf achten, dass das Gummiband nicht verdreht ist. Die Öffnung in der Naht wieder schließen.

9. Die Stoffweite gleichmäßig verteilen. An jeder Seite eine kurze Naht quer über das Gummiband steppen, damit es sich beim Tragen und Waschen nicht verdreht.

10. Die Unterkanten der Hosenbeine nach links umbügeln, genau bündig aufeinanderstecken und mit 5 mm Kantenabstand zusammensteppen.

3

Tierisch gute Kleidung

Frecher Fuchs

Dieses Kleid in leuchtendem Orange ist wie geschaffen für Exkursionen in den Wald. Das Schnittmuster ist ein Grundmodell, das sich mit anderen Gesichtern und Farbkombinationen leicht abwandeln lässt. Wie wäre es mit einem Polarfuchs in Grau?

MATERIAL

- ⊕ Schnittmuster für das Kleid mit Figur (Bogen B pink): Vorderteil, Rückenteil, Passe, Träger und Tasche
- ⊕ Vorlage für das Fuchsgesicht (S. 203)
- ⊕ 1 Länge weiches Baumwollgewebe in mittlerer Stärke, z. B. Cord, Samt oder Baumwollköper (Stoffbedarf siehe unten)
- ⊕ Schneiderkreide
- ⊕ Reste von Baumwollstoffen: cremeweiß, gemustert und braun
- ⊕ Filzreste in Weiß
- ⊕ 30 × 30 cm Haftvlies zum Aufbügeln
- ⊕ Farblich passendes Nähgarn
- ⊕ 2 oder 4 Knöpfe

ZUSCHNEIDEN

1. Zuerst die passende Größe für das Kind wählen (siehe S. 30). Die Schnittmusterteile für das Kleid mit Figur durchpausen, dabei die Linien für die gewählte Größe und die seitlichen Verbreiterungen des Rückenteils beachten.

2. Den Kleiderstoff bügeln und auf einer großen Arbeitsfläche ausbreiten. Sie brauchen ein Vorderteil, ein Rückenteil, einen Beleg, zwei Passenteile, vier Träger und zwei Taschen. Die Fadenlaufpfeile auf dem Schnittmuster verlaufen parallel zur Webkante. Der Strich verläuft von oben nach unten.

3. Die Umrisse der Schnittmuster auf den Stoff zeichnen. Die Nahtzugabe beträgt 1 cm, die Saumzugabe 2 cm. Die Teile zuschneiden.

4. Die Taschen aus Kleiderstoff oder kontrastfarbigem Stoff zuschneiden.

5. Die Passe kann mit Bügeleinlage oder einfarbigem Baumwollstoff verstärkt werden.

6. Anhand der Vorlage von Seite 203 zwei Seitenteile des Gesichts aus cremeweißem Stoff und vier Ohren aus orangefarbenem Stoff zuschneiden. Die Nahtzugabe beträgt 1 cm. Zwei Streifen zum Einfassen der Taschen (6 cm × Taschenbreite) aus gemustertem Stoff und sechs Krallen aus weißem Filz zuschneiden.

STOFFBEDARF	6 Monate–3 Jahre	3–7 Jahre
110 cm Breite	100 cm	120 cm
150 cm Breite	80 cm	100 cm

TIERISCH GUTE KLEIDUNG

PASSE UND TASCHEN

1. Haftvlies auf die Rückseite eines gemusterten Stoffrests bügeln. Die inneren Ohren (Vorlage auf S. 203) aufzeichnen und ausschneiden.

2. Das Trägerpapier abziehen und die inneren Ohren auf die rechte Stoffseite von zwei äußeren Ohren legen (siehe Vorlage). Bügeln. Die inneren Ohren mit farblich passendem Garn knappkantig feststeppen.

3. Vorder- und Rückseite eines Ohrs rechts auf rechts mit 1 cm Nahtzugabe zusammennähen, die Unterkante bleibt offen. Die Nahtzugabe an der Spitze zurückschneiden. Das Ohr wenden und bügeln. Mit dem anderen Ohr wiederholen.

4. Haftvlies auf die Rückseite des braunen Stoffs bügeln. Zwei Augen und eine Nase aufzeichnen (Vorlage auf S. 203) und ausschneiden.

5. Die inneren Rundungen der Wangen 1 cm nach links umbügeln. Die Wangen so auf die vordere Passe stecken, dass die Schnittkanten aufeinanderliegen. Mit passendem Nähgarn knappkantig feststeppen.

6. Das Trägerpapier vom Haftvlies abziehen. Nase und Augen auf das Gesicht legen und mit einem Tuch aufbügeln. Knappkantig feststeppen. Wenn das zu knifflig ist, genügt es auch, auf jede der kleinen Applikationen ein Kreuz zu steppen.

7. Die Passenteile rechts auf rechts legen. Bei Bedarf kann Einlage auf die innere Passe gebügelt werden. Die offenen Kanten der Ohren zwischen die Passenteile schieben und feststecken. Die Oberkanten der Passenteile mit 1 cm Nahtzugabe zusammennähen, dabei die Ohren mitfassen. Die Nahtzugaben an den Rundungen vorsichtig einschneiden. Die Passe auf rechts wenden und bügeln.

8. Zum Einfassen der Taschen je einen Streifen rechts auf rechts an eine Taschenoberkante nähen, versäubern und bügeln. Die Oberkante des Streifens versäubern und so nach innen umfalten, dass von rechts 2 cm des Streifens zu sehen sind. Feststeppen. Die seitlichen und unteren Taschenkanten versäubern, 1 cm nach links umfalten und bügeln. Die Taschen an den markierten Positionen auf das Vorderteil des Kleids stecken.

9. Für die Krallen aus Filz sechs spitzwinklige Dreiecke (kurze Seite 2 cm, lange Seiten 4 cm) zuschneiden. Drei Krallen unter den Rand jeder Tasche schieben, dann die Taschen knappkantig auf das Kleid steppen. Dabei die Krallen mitfassen.

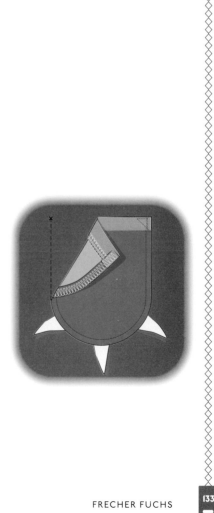

ZUSAMMENNÄHEN UND TRÄGER ANSETZEN

1. Vorder- und Rückenteil rechts auf rechts legen und die Seitennähte mit 1 cm Nahtzugabe schließen. Die Schnittkanten versäubern und die Nahtzugaben zum Rückenteil bügeln.

2. Zwei Trägerteile rechts auf rechts mit 1 cm Nahtzugabe zusammen-nähen. Die gerade Schmalseite bleibt offen. Die Nahtzugaben an den Rundungen einkerben, dann auf rechts wenden und bügeln. Knappkantig absteppen. Die Träger an die hinteren Schultern nähen.

3. Ins Vorderteil zwei Fältchen legen, die sich zu den Seitennähten öffnen. Stecken und mit einigen Handstichen fixieren.

4. Die Außenseite der vorbereiteten Passe rechts auf rechts an die Oberkante des Vorderteils stecken und nähen. Die Schnittkanten versäu-bern und zur Passe bügeln. Die Unterkanten der inneren Passe und des Belegs versäubern.

5. Den Beleg rechts auf rechts auf das Rückenteil legen und entlang der Außenkanten zusammennähen. Die Träger liegen dabei zwischen den Stofflagen und werden mitgefasst. Die Nahtzugaben an den Rundungen einschneiden, den Beleg wenden und bügeln.

6. Die schmalen Ausläufer des Belegs flach anlegen und von Hand festnähen.

7. Die gesamte Oberkante des Kleids mit etwa 5 mm Kanten-abstand sorgfältig absteppen.

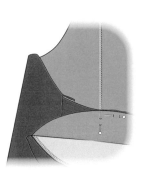

FERTIGSTELLUNG

1. In jeden Träger ein Knopfloch arbeiten (oder zwei, wenn die Träger verstellbar sein sollen). Beachten Sie dabei die Hinweise im Handbuch Ihrer Nähmaschine. Die Knöpfe auf der Innenseite der vorderen Passe annähen.

2. Zuletzt an der Unterkante des Kleids einen doppelten, 1 cm breiten Saum umbügeln und feststeppen. Alternativ die Stoffkante versäubern, nur einmal einschlagen und feststeppen. Bügeln.

Kleines Küken

Perfekt für Menschenküken: ein Kleid in zartem Gelb mit Kükengesicht und lustigen Schwimmhäuten.

▐▐▐

MATERIAL

- ⊕ Schnittmuster für das Kleid mit Figur (Bogen B pink): Vorderteil, Rückenteil, Beleg, Passe, Träger und Tasche
- ⊕ Vorlage für das Kükengesicht (S. 204)
- ⊕ 1 Länge weiches Baumwollgewebe in mittlerer Stärke, z. B. Cord, Samt oder Köper (Stoffbedarf siehe unten)
- ⊕ Schneiderkreide
- ⊕ Brauner oder schwarzer Stoff für die Augen
- ⊕ Orangefarbener Stoff für Schwimmhäute und Schnabel
- ⊕ 30 × 30 cm Haftvlies zum Aufbügeln
- ⊕ Farblich passendes Nähgarn
- ⊕ 2 oder 4 Knöpfe

ZUSCHNEIDEN

1. Zuerst die passende Größe für das Kind wählen (siehe S. 30). Die Schnittmuster für das Kleid mit Figur durchpausen, dabei die Linien für die gewählte Größe und die seitlichen Verbreiterungen des Rückenteils beachten.

2. Den Kleiderstoff bügeln und auf einer großen Arbeitsfläche ausbreiten, um alle Schnittmuster auflegen zu können. Sie brauchen ein Vorderteil, ein Rückenteil, einen Beleg, zwei Passen, vier Träger und zwei Taschen. Die Fadenlaufpfeile auf dem Schnittmuster müssen parallel zur Webkante verlaufen. Bei Cord und Samt verläuft der Strich von oben nach unten.

3. Bei Bedarf kann die Passe mit Bügeleinlage oder dünnem, einfarbigem Baumwollstoff verstärkt werden.

4. Die Umrisse der Schnittmuster mit Schneiderkreide auf den Stoff zeichnen. Die Nahtzugabe beträgt 1 cm, die Saumzugabe 2 cm. Alle Teile sorgfältig zuschneiden.

STOFFBEDARF	6 Monate–3 Jahre	3–7 Jahre
110 cm	100 cm	120 cm
150 cm	80 cm	100 cm

TIERISCH GUTE KLEIDUNG

PASSE UND TASCHEN

1. Haftvlies auf die Rückseite der Stoffe für Schnabel und Augen bügeln. Die Umrisse von den Vorlagen auf Seite 204 übertragen. Einen Schnabel und zwei Augen zuschneiden.

2. Das Trägerpapier abziehen. Augen und Schnabel auf die vordere Passe bügeln und knappkantig feststeppen.

3. Die Passenteile rechts auf rechts legen. Bei Bedarf kann Einlage auf die innere Passe gebügelt werden. Die oberen gerundeten Kanten mit 1 cm Nahtzugabe zusammennähen. Die Nahtzugaben an den Rundungen vorsichtig einkerben, dann die Passe auf rechts wenden und bügeln.

4. Die Taschen ringsherum mit Zickzack- oder Overlockstich ver-

säubern. Die Oberkante 2 cm nach links umbügeln und feststeppen.

5. Die anderen Kanten 1 cm nach links umbügeln. Die Taschen entsprechend der Markierung auf das Vorderteil stecken.

6. Aus orangefarbenem Stoff vier Schwimmhäute (Vorlage auf S. 204) zuschneiden. Je zwei Teile rechts auf rechts entlang der Bogenkanten zusammennähen. Die Nahtzugaben einkerben, dann die Schwimmhäute wenden und bügeln. Die offenen Kanten unter die Taschen schieben. Die Taschen knappkantig auf das Kleid steppen, dabei die Schwimmhäute mitfassen.

ZUSAMMENNÄHEN UND TRÄGER ANSETZEN

1. Vorder- und Rückenteil des Kleids rechts auf rechts legen. Die Seitennähte mit 1 cm Nahtzugabe schließen. Die Schnittkanten versäubern und Richtung Rückenteil bügeln.

2. Je zwei Trägerteile rechts auf rechts legen und mit 1 cm Nahtzugabe zusammennähen. Die gerade Schmalseite bleibt offen. Die Nahtzugaben an den Rundungen einkerben, dann auf rechts wenden und bügeln. Knappkantig absteppen. Die Träger an die hinteren Schultern nähen.

3. Ins Vorderteil zwei Fältchen legen, die sich zu den Seitennähten öffnen. Stecken und mit einigen Handstichen fixieren.

4. Die Außenseite der vorbereiteten Passe rechts auf rechts an die Oberkante des Vorderteils stecken und nähen. Die Schnittkanten versäubern und zur Passe bügeln.

5. Die Unterkanten der inneren Passe und des Belegs versäubern

6. Den Beleg rechts auf rechts auf das Rückenteil legen und entlang der Außenkanten zusammennähen. Die Träger dabei mitfassen. Die Nahtzugaben an den Rundungen einkerben, den Beleg wenden und bügeln. Die schmalen Ausläufer des Belegs flach anlegen und von Hand festnähen.

7. Die Oberkante des Kleids mit 5 mm Kantenabstand absteppen.

FERTIGSTELLUNG

1. In jeden Träger ein Knopfloch arbeiten (oder zwei, wenn die Träger verstellbar sein sollen). Die Knöpfe auf der Innenseite der vorderen Passe annähen.

2. Zuletzt an der Kleidunterkante einen doppelten, 1 cm breiten Saum umbügeln und feststeppen. Alternativ die Stoffkante versäubern, nur einmal einschlagen und feststeppen. Bügeln.

Nachteule

Für dieses Kleid mit der verschlafenen Eule habe ich schokoladenbraunen Stoff ausgesucht. Natürlich können Sie auch eine andere Farbe verwenden.

MATERIAL

- Schnittmuster für das Kleid mit Figur (Bogen B pink): Vorderteil, Rückenteil, Beleg, Passe, Träger; Schnittmuster für die große Tasche vom ausgestellten Kleid (Bogen A pink)
- Vorlage für das Eulengesicht (S. 205)
- 1 Länge weiches Baumwollgewebe in mittlerer Stärke, z. B. Cord, Samt oder Köper (Stoffbedarf siehe unten)
- Schneiderkreide
- Stoffreste in Orange, Braun und mit kleinem Muster
- Filzreste in Cremeweiß
- 30 × 30 cm Haftvlies zum Aufbügeln
- 17 cm Gummiband
- Farblich passendes Nähgarn
- 2 oder 4 Knöpfe

ZUSCHNEIDEN

1. Zuerst die passende Größe für das Kind wählen (siehe S. 30). Die Schnittmuster für das Kleid mit Figur durchpausen, dabei die Linien für die gewählte Größe und die seitlichen Verbreiterungen des Rückenteils beachten.

2. Den Kleiderstoff bügeln und auf einer großen Arbeitsfläche ausbreiten. Sie brauchen ein Vorderteil, ein Rückenteil, einen Beleg, zwei Passen und vier Träger. Die Fadenlaufpfeile auf dem Schnittmuster verlaufen parallel zur Webkante. Der Strich verläuft bei Cord und Samt von oben nach unten. Für die Eulenflügel auf dem Schnittmuster eine geschwungene Linie von der Falte bis ungefähr zum unteren Drittel der Seitennaht zeichnen. Diesen Bereich als Schnittmuster für die Flügel verwenden.

3. Die Umrisse aller Schnittmuster mit Schneiderkreide auf den Stoff zeichnen. Die Nahtzugabe beträgt 1 cm, die Saumzugabe 2 cm. Die Teile sorgfältig zuschneiden.

4. Die Passe kann mit Bügeleinlage oder einfarbigem Baumwollstoff verstärkt werden.

STOFFBEDARF	6 Monate–3 Jahre	3–7 Jahre
110 cm Breite	100 cm	120 cm
150 cm Breite	80 cm	100 cm

PASSE, TASCHEN UND FLÜGEL

1. Haftvlies auf die Rückseite der Stoffe für den Schnabel und die Teile der Augen bügeln (Foto auf S. 140, Vorlage auf S. 205). Die Teile ausschneiden. Das Trägerpapier vom Haftvlies abziehen und die Teile auf die Passe bügeln.

2. Anhand der Vorlage vier Ohren zuschneiden. Die Nahtzugabe beträgt 1 cm. Vorder- und Rückseite eines Ohrs rechts auf rechts mit 1 cm Nahtzugabe zusammennähen, die Unterkante bleibt offen. Die Nahtzugabe an der Spitze zurückschneiden. Das Ohr wenden und bügeln. Mit dem anderen Ohr wiederholen.

3. Die Passenteile rechts auf rechts legen. Bei Bedarf kann Einlage auf die innere Passe gebügelt werden. Die Ohren mit den offenen Stoffkanten zwischen die Passenteile schieben und feststecken. Die Oberkanten der Passenteile mit 1 cm Nahtzugabe zusammennähen, dabei die Ohren mitfassen. Die Nahtzugaben an den Rundungen vorsichtig einschneiden. Die Passe auf rechts wenden und bügeln.

4. Die Bauchtasche ringsherum mit Zickzack- oder Overlockstich versäubern. Die Oberkante 2 cm nach links umschlagen und so feststeppen, dass ein Tunnel entsteht. Das Gummiband durchziehen, den Stoff etwas raffen, dann die Gummibandenden festnähen.

5. Die restlichen Kanten der Tasche 1 cm nach links umbügeln. Die Tasche entsprechend der Markierung auf das Kleid stecken.

6. Anhand der Vorlage von Seite 205 zwei Füße aus Filz zuschneiden. Die Füße unter die Taschenkante schieben. Die Tasche knappkantig auf das Kleid steppen. Dabei werden die Füße mitgefasst.

7. Zwei Flügel aus gemustertem Stoff zuschneiden. Die geschwungenen Kanten 1 cm nach links umbügeln. Die Flügel so auf das Kleid stecken, dass die Stoffkanten an den Seiten genau aufeinanderliegen. Beide Stoffe zeigen mit der rechten Seite nach oben. Knappkantig aufsteppen, dann bügeln.

8. Ins Vorderteil zwei Fältchen legen, die sich zu den Seitennähten öffnen. Stecken und mit einigen Handstichen fixieren.

ZUSAMMENNÄHEN UND TRÄGER ANSETZEN

1. Vorder- und Rückenteil rechts auf rechts legen und die Seitennähte mit 1 cm Nahtzugabe schließen. Die Schnittkanten versäubern und die Nahtzugaben zum Rückenteil bügeln.

2. Je zwei Trägerteile rechts auf rechts mit 1 cm Nahtzugabe zusammennähen. Die gerade Schmalseite bleibt offen. Die Nahtzugaben an den Rundungen einschneiden, dann auf rechts wenden und bügeln. Knappkantig absteppen. Die Träger an die hinteren Schultern nähen.

3. Die Außenseite der vorbereiteten Passe rechts auf rechts an die Oberkante des Vorderteils stecken und nähen. Die Schnittkanten versäubern und zur Passe bügeln.

4. Die Unterkanten der inneren Passe und des Belegs versäubern.

5. Den Beleg rechts auf rechts auf das Rückenteil legen und entlang der Außenkanten zusammennähen. Die Träger liegen dabei zwischen den Stofflagen und werden mitgefasst. Die Nahtzugaben an den Rundungen einschneiden, den Beleg wenden und bügeln. Die schmalen Ausläufer des Belegs flach anlegen und von Hand festnähen.

6. Die gesamte Oberkante des Kleids mit etwa 5 mm Kantenabstand sorgfältig absteppen.

FERTIGSTELLUNG

1. In jeden Träger ein Knopfloch arbeiten (oder zwei, wenn die Träger verstellbar sein sollen). Die Knöpfe auf der Innenseite der Passe annähen.

2. Zuletzt an der Kleidunterkante einen doppelten, 1 cm breiten Saum umbügeln und feststeppen. Alternativ die Stoffkante versäubern, nur einmal einschlagen und feststeppen. Bügeln.

Munteres Mäuschen

Das Mäuschen ist grau, aber kein bisschen langweilig. Es steht auch Babys und sieht besonders niedlich aus, wenn Sie für die inneren Ohren und die Taschenkanten einen Stoff mit winzigen Blumen oder Punkten verwenden.

MATERIAL

- Schnittmuster für das Kleid mit Figur (Bogen B pink): Vorderteil, Rückenteil, Beleg, Passe, Träger und Tasche
- Vorlage für das Mäusegesicht (S. 206)
- 1 Länge weiches, mittelfestes Baumwollgewebe in Grau, z. B. Cord, Samt oder Köper (Stoffbedarf siehe unten)
- Schneiderkreide
- Schwarzer Stoff für Augen und Tasthaare
- Rosa Stoff für Ohren und Nase
- Rosa gemusterter Stoff für Taschenkanten
- Reste von weißem Filz
- 30 × 30 cm Haftvlies zum Aufbügeln
- Farblich passendes Nähgarn
- 2 oder 4 Knöpfe

1. Zuerst die passende Größe für das Kind wählen (siehe S. 30). Die Schnittmuster für das Kleid mit Figur durchpausen, dabei die Linien für die gewählte Größe und die seitlichen Verbreiterungen des Rückenteils beachten.

2. Den Kleiderstoff bügeln und auf einer großen Arbeitsfläche ausbreiten. Sie brauchen ein Vorderteil, ein Rückenteil, einen Beleg, zwei Passen, vier Träger und zwei Taschen. Die Fadenlaufpfeile auf dem Schnittmuster verlaufen parallel zur Webkante. Der Strich verläuft bei Samt und Cord von oben nach unten.

3. Die Umrisse der Schnittmuster mit Schneiderkreide auf den Stoff zeichnen. Die Nahtzugabe beträgt 1 cm, die Saumzugabe 2 cm. Die Teile sorgfältig zuschneiden.

4. Die Passe kann mit Bügeleinlage oder einfarbigem Baumwollstoff verstärkt werden.

STOFFBEDARF	6 Monate–3 Jahre	3–7 Jahre
110 cm Breite	100 cm	120 cm
150 cm Breite	80 cm	100 cm

PASSE

1. Anhand der Vorlage auf Seite 206 vier Ohren zuschneiden. Die Nahtzugabe beträgt 1 cm.

2. Haftvlies auf die Rückseite des Stoffs für die inneren Ohren und die anderen Gesichtsteile bügeln.

3. Alle Teile für das Gesicht anhand der Vorlagen auf Seite 206 zuschneiden.

4. Das Trägerpapier vom Haftvlies abziehen. Die Teile auf die Passe bügeln. Knappkantig mit passendem Garn aufsteppen. Wenn das zu knifflig ist, genügt es auch, auf die kleinen Teile ein Kreuz zu steppen.

5. Die inneren Ohren auf die äußeren bügeln und aufsteppen.

6. Vorder- und Rückseite eines Ohrs rechts auf rechts mit 1 cm Nahtzugabe zusammennähen, die Unterkante bleibt offen. Die Nahtzugabe an der Rundung einkerben. Wenden und bügeln. Mit dem anderen Ohr wiederholen.

7. Die Passenteile rechts auf rechts legen. Die Ohren zwischen die Passenteile schieben und feststecken. Die Oberkanten der Passenteile mit 1 cm Nahtzugabe zusammennähen, dabei die Ohren mitfassen. Die Nahtzugaben an den Rundungen einschneiden. Wenden und bügeln.

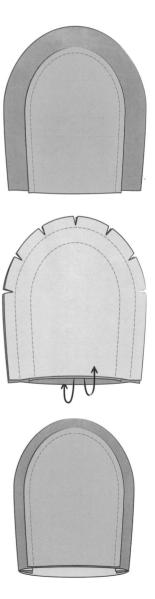

TASCHEN

1. Zum Einfassen der Taschen zwei 5 cm breite Streifen in der Länge der Taschenbreite zuschneiden. Einen Streifen rechts auf rechts an die Oberkante einer Tasche nähen. Die Nahtzugaben zum Streifen bügeln. Den Streifen so zur Rückseite der Tasche umfalten, dass von rechts noch 2 cm zu sehen sind. Feststeppen.

2. Die restlichen Taschenkanten versäubern und 1 cm nach links umbügeln. Die Taschen entsprechend der Markierung auf das Vorderteil stecken.

3. Für die Krallen aus Filz sechs spitzwinklige Dreiecke (kurze Seite 2 cm, lange Seiten 4 cm) zuschneiden. Drei Dreiecke unter den Rand jeder Tasche schieben.

4. Die Taschen knappkantig auf das Kleid steppen. Dabei werden die Krallen mitgefasst.

ZUSAMMENNÄHEN UND TRÄGER ANSETZEN

1. Vorder- und Rückenteil rechts auf rechts legen und die Seitennähte mit 1 cm Nahtzugabe schließen. Die Schnittkanten versäubern und die Nahtzugaben zum Rückenteil bügeln.

2. Je zwei Trägerteile rechts auf rechts mit 1 cm Nahtzugabe zusammennähen. Die gerade Schmalseite bleibt offen. Die Nahtzugaben an den Rundungen einkerben, dann auf rechts wenden und bügeln. Knappkantig absteppen. Die Träger an die hinteren Schultern nähen.

3. Ins Vorderteil zwei Fältchen legen, die sich zu den Seitennähten öffnen. Stecken und mit einigen Handstichen fixieren.

4. Die Außenseite der Passe rechts auf rechts an die Oberkante des Vorderteils stecken und nähen. Die Schnittkanten versäubern und zur Passe bügeln.

5. Die Unterkanten der inneren Passe und des Belegs versäubern.

6. Den Beleg rechts auf rechts auf das Rückenteil legen und entlang der Außenkanten zusammennähen. Die Träger liegen dabei zwischen den Stofflagen und werden mitgefasst. Die Nahtzugaben an den Rundungen einschneiden, den Beleg wenden und bügeln. Die schmalen Ausläufer des Belegs flach anlegen und von Hand festnähen.

7. Die gesamte Oberkante des Kleids mit etwa 5 mm Kantenabstand sorgfältig absteppen.

FERTIGSTELLUNG

1. In jeden Träger ein Knopfloch arbeiten (oder zwei, wenn die Träger verstellbar sein sollen). Die Knöpfe auf der Innenseite der vorderen Passe annähen.

2. Zuletzt an der Unterkante einen doppelten, 1 cm breiten Saum umbügeln und feststeppen. Alternativ die Stoffkante versäubern, nur einmal einschlagen und feststeppen. Bügeln.

Bruno Bär

Die bärenstarke Latzhose hat ein freundliches Gesicht, das Jungs und Mädchen gleichermaßen gut steht. Nach dem Grundmuster lassen sich viele andere Modelle nähen: Sie brauchen nur das Gesicht und den Stoff auszutauschen. An den aufgesetzten Taschen sind Krallen aus weichem Filz festgenäht. Mit der robusten Hose kann man prima toben!

MATERIAL

- Schnittmuster für Latzhose, Passe, Beleg, Träger und Tasche (Bogen B pink)
- Vorlage für das Bärengesicht (S. 207)
- Mittelfester Stoff in Braun (Stoffbedarf siehe unten)
- Schneiderkreide
- Kontrastfarbiger Stoff für Passen, Beleg, Trägerrückseiten und Aufschläge
- Stoffreste in Cremeweiß und Braun
- Kontrastfarbiger Stoff für die Taschen, genug für zwei Quadrate von ca. 15 × 15 cm
- Cremeweißer Filz für die Krallen
- 30 × 30 cm Haftvlies zum Aufbügeln
- Farblich passendes Nähgarn
- 2 oder 4 Knöpfe

ZUSCHNEIDEN

1. Zuerst die passende Größe für das Kind aussuchen (siehe unten). Die Schnittmuster für die Latzhose durchpausen, dabei die Linien für die gewählte Größe und den Aufschlag am Hosenbein beachten.

2. Den Stoff bügeln und auf einer großen Arbeitsfläche ausbreiten. Sie brauchen zwei Hosenteile, eine Passe und zwei Träger. Die Fadenlaufpfeile auf dem Schnittmuster verlaufen parallel zur Webkante. Der Strich verläuft bei Samt und Cord von oben nach unten.

3. Die Umrisse der Schnittmuster mit Schneiderkreide auf den Stoff zeichnen. Die Nahtzugabe beträgt 1 cm. Die Teile sorgfältig zuschneiden.

4. Mithilfe des Schnittmusters aus kontrastfarbigem Stoff den Beleg, die hintere Passe, zwei Träger und zwei Hosenaufschläge zuschneiden. An allen Kanten die Nahtzugabe von 1 cm berücksichtigen. Bei Bedarf kann die Passe mit Bügeleinlage oder einfarbigem Baumwollstoff verstärkt werden.

GRÖSSEN

Alter	Körpergröße
6–18 Monate	bis 80 cm
18 Monate–3 Jahre	bis 98 cm
3–5 Jahre	bis 110 cm

STOFFBEDARF	6 Monate–3 Jahre	3–5 Jahre
110 cm Breite	120 cm	140 cm
150 cm Breite	100 cm	120 cm

PASSE, TASCHEN UND HOSENBODEN

1. Anhand der Vorlage auf Seite 207 vier dunkelbraune äußere Ohren mit 1 cm Nahtzugabe zuschneiden.

2. Haftvlies auf die Rückseite des Stoffs für die inneren Ohren und die anderen Gesichtsteile bügeln.

3. Anhand der Vorlage zwei innere Ohren und die übrigen Teile für das Gesicht zuschneiden.

4. Das Trägerpapier vom Haftvlies abziehen, die Teile auf das Gesicht legen und mit einem Tuch aufbügeln. Knappkantig mit passendem Garn aufsteppen.

5. Die inneren Ohren auf die äußeren bügeln und steppen.

6. Vorder- und Rückseite eines Ohrs rechts auf rechts mit 1 cm Nahtzugabe zusammennähen, die gerade Unterkante bleibt offen. Die Nahtzugaben an den Rundungen einkerben. Das Ohr wenden und bügeln. Mit dem anderen Ohr wiederholen.

7. Die Passen rechts auf rechts legen. Die Ohren dazwischenschieben und stecken. Die Oberkanten der Passen mit 1 cm Nahtzugabe zusammennähen, dabei die Ohren mitfassen. Die Nahtzugaben an den Rundungen einschneiden. Die Passen auf rechts wenden und bügeln.

8. Zwei Taschen aus kontrastfarbigem Stoff zuschneiden. Die Schnittkanten versäubern. Die Oberkante 2 cm nach links umbügeln und feststeppen. Die restlichen Kanten 1 cm nach links umbügeln. Die Taschen auf die Vorderteile der Hose stecken.

9. Für die Krallen aus Filz sechs spitzwinklige Dreiecke (kurze Seite 2 cm, lange Seiten 4 cm) zuschneiden. Drei Krallen unter den Rand jeder Tasche schieben. Die Taschen knappkantig auf die Hose steppen, dabei die Krallen mitfassen.

10. Für den Hosenboden zwei Stücke aus Hauptstoff oder kontrastfarbigem Stoff zuschneiden. Die gerundeten Kanten nach links umbügeln. Die Teile gemäß der Markierung auf die hinteren Hosenteile stecken und knappkantig feststeppen. Der Hosenboden sieht lustig aus und ist eine praktische, robuste Verstärkung.

ZUSAMMENNÄHEN UND TRÄGER ANSETZEN

1. Die Hosenteile rechts auf rechts legen. Die vordere und hintere Mittelnaht mit 1 cm Nahtzugabe schließen – am besten zweimal nähen, damit sie gut halten. Die Schnittkanten versäubern und die Nahtzugaben auseinanderbügeln.

2. Einen kontrastfarbigen Streifen rechts auf rechts an die Saumkante des Hosenbeins nähen. Die Nahtzugaben versäubern und auseinanderbügeln. Die Unterkante versäubern. Am anderen Hosenbein wiederholen.

3. Die inneren Beinnähte einschließlich der angesetzten Streifen von einem Saum zum anderen in einem Zug steppen. Die Schnittkanten versäubern. Den Aufschlag nach links umfalten, auf die Ansatznaht stecken und feststeppen. Am anderen Hosenbein wiederholen.

4. Je einen Träger aus Hosenstoff und kontrastfarbigem Stoff rechts auf rechts mit 1 cm Nahtzugabe zusammennähen, die gerade Schmalseite bleibt offen. Die Nahtzugaben an den Rundungen einkerben, dann auf rechts wenden und bügeln. Den anderen Träger ebenso nähen. Die Träger so an die hinteren Schultern nähen, dass sie sich kreuzen.

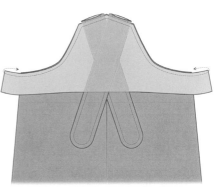

5. Ins Vorderteil zwei Fältchen legen, die sich zu den Seitennähten öffnen. Stecken und mit einigen Handstichen fixieren.

6. Die Außenseite der Passe rechts auf rechts an die Oberkante des Vorderteils nähen. Die Schnittkanten versäubern und zur Passe bügeln. Die Unterkanten von innerer Passe und hinterem Beleg versäubern.

7. Den Beleg rechts auf rechts auf das Rückenteil legen und an der Oberkante festnähen. Die Träger liegen zwischen den Stofflagen und werden beim Nähen mitgefasst. Die Nahtzugaben an den Rundungen einschneiden, den Beleg wenden und bügeln. Die schmalen Ausläufer des Belegs flach anlegen und von Hand festnähen.

FERTIGSTELLUNG

1. Die gesamte Oberkante mit etwa 5 mm Kantenabstand absteppen.

2. In jeden Träger ein Knopfloch arbeiten (oder zwei, wenn die Träger verstellbar sein sollen). Beachten Sie dabei die Hinweise im Handbuch Ihrer Nähmaschine. Die Knöpfe auf der inneren Passe annähen.

Bello macht blau

Die praktische Latzhose habe ich aus Cord genäht, der robust und trotzdem schön weich ist. Natürlich können Sie auch jede andere Farbe verwenden. Vielleicht gefällt Ihnen Jeansstoff? Der gelbe Stern auf dem Hosenbein ist ein ganz individuelles Detail, das sich gut abwandeln lässt.

MATERIAL

- Schnittmuster für Latzhose, Passe, Träger und Tasche (Bogen B pink)
- Vorlage für den Hund (S. 208)
- Mittelfester Baumwollstoff, z. B. Cord oder Köper (Stoffbedarf siehe unten)
- Schneiderkreide
- Kontrastfarbiger Stoff innere Passe, Beleg, Trägerrückseiten und Aufschläge
- Stoffreste in Cremeweiß, Schwarz, Dunkelblau (Schnauze) und Gemustert (inneres Ohr)
- 30 × 30 cm Haftvlies zum Aufbügeln
- Farblich passendes Nähgarn
- 2 oder 4 Knöpfe

ZUSCHNEIDEN

1. Zuerst die passende Größe für das Kind aussuchen (siehe unten). Die Schnittmuster für die Latzhose durchpausen, dabei die Linien für die gewählte Größe und den Aufschlag am Hosenbein beachten.

2. Den Stoff bügeln und auf einer großen Arbeitsfläche ausbreiten. Sie brauchen zwei Hosenteile, eine Passe, zwei Taschen und zwei Träger. Die Fadenlaufpfeile auf dem Schnittmuster verlaufen parallel zur Webkante. Der Strich verläuft bei Samt und Cord von oben nach unten.

3. Die Umrisse der Schnittmuster mit Schneiderkreide auf den Stoff zeichnen. Die Nahtzugabe beträgt 1 cm. Die Teile sorgfältig zuschneiden.

4. Mithilfe der Schnittmuster aus kontrastfarbigem Stoff die innere Passe, den hinteren Beleg, zwei Träger und zwei Hosenaufschläge zuschneiden. An allen Kanten die Nahtzugabe von 1 cm berücksichtigen. Bei Bedarf kann die Passe mit Bügeleinlage oder einfarbigem Baumwollstoff verstärkt werden.

GRÖSSEN

Alter	Körpergröße
6–18 Monate	bis 80 cm
18 Monate–3 Jahre	bis 98 cm
3–5 Jahre	bis 110 cm

STOFFBEDARF	6 Monate–3 Jahre	3–5 Jahre
110 cm Breite	120 cm	140 cm
150 cm Breite	100 cm	120 cm

TIERISCH GUTE KLEIDUNG

PASSE, TASCHEN UND HOSENBODEN

1. Anhand der Vorlage auf Seite 208 zwei Ohren aus Hosenstoff und zwei Ohren aus gemustertem Stoff zuschneiden. Die Nahtzugabe beträgt rundum 1 cm.

2. Haftvlies auf die Rückseiten der Stoffe für das Gesicht bügeln. Die Formen anhand der Vorlage aufzeichnen und die Teile zuschneiden. Sie können sich auch am Foto rechts orientieren.

3. Das Trägerpapier vom Haftvlies abziehen, die Teile auf das Gesicht legen und mit einem weichen Tuch aufbügeln. Knappkantig mit passendem Garn aufsteppen.

4. Vorder- und Rückseite eines Ohrs rechts auf rechts mit 1 cm Nahtzugabe zusammennähen, die Unterkante bleibt offen. Die Nahtzugaben an den Rundungen einkerben. Das Ohr wenden und bügeln. Mit dem anderen Ohr wiederholen.

5. Die Passen rechts auf rechts legen. Die Ohren zwischen die Lagen schieben und feststecken. Die Oberkanten der Passen mit 1 cm Nahtzugabe zusammennähen, dabei die Ohren mitfassen. Die Nahtzugaben an den Rundungen vorsichtig einkerben. Die Passe auf rechts wenden und bügeln.

6. Die Kanten der Taschen mit Zickzack- oder Overlockstich versäubern. Auf eine Tasche mit Haftvlies einen Stern (oder ein anders Motiv) bügeln und feststeppen.

7. Die Oberkanten der Taschen 2 cm nach links umbügeln und feststeppen. Die restlichen Kanten 1 cm nach links umbügeln. Die Taschen gemäß den Markierungen auf die vorderen Hosenbeine stecken.

8. Die Taschen knappkantig feststeppen.

9. Für den Hosenboden zwei Stücke aus Hauptstoff oder kontrastfarbigem Stoff zuschneiden. Die gerundeten Kanten nach links umbügeln. Die Teile gemäß der Markierung auf die Hosenteile stecken und knappkantig feststeppen. Der Hosenboden sieht lustig aus und ist eine praktische, robuste Verstärkung.

ZUSAMMENNÄHEN UND TRÄGER ANSETZEN

1. Die Hosenteile rechts auf rechts legen. Vordere und hintere Mittelnaht mit 1 cm Nahtzugabe schließen – am besten zweimal nähen, damit sie gut halten. Schnittkanten versäubern, Nahtzugaben auseinanderbügeln.

2. Einen kontrastfarbigen Streifen rechts auf rechts an die Saumkante des Hosenbeins nähen. Die Nahtzugaben versäubern und auseinanderbügeln. Die Unterkante versäubern. Am anderen Bein wiederholen.

3. Die inneren Beinnähte einschließlich der angesetzten Streifen von einem Saum zum anderen in einem Zug steppen. Die Schnittkanten versäubern. Den Aufschlag nach links umfalten, auf die Ansatznaht stecken und feststeppen. Am anderen Hosenbein wiederholen.

4. Je einen Träger aus Hosenstoff und kontrastfarbigem Stoff rechts auf rechts mit 1 cm Nahtzugabe zusammennähen, die gerade Schmalseite bleibt offen. Die Nahtzugaben an den Rundungen einkerben, dann auf rechts wenden und bügeln. Den anderen Träger ebenso nähen. Die Träger so an die hinteren Schultern nähen, dass sie sich kreuzen.

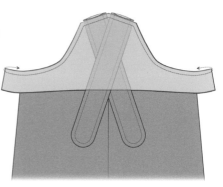

5. Ins Vorderteil zwei Fältchen legen, die sich zu den Seitennähten öffnen. Stecken und mit einigen Handstichen fixieren.

6. Die Außenseite der Passe rechts auf rechts an die Oberkante des Vorderteils nähen. Die Schnittkanten versäubern und zum Latz bügeln.

7. Die Unterkanten von innerer Passe und hinterem Beleg versäubern.

8. Den Beleg rechts auf rechts auf das Rückenteil legen und an der Oberkante festnähen. Die Träger liegen dabei zwischen den Stofflagen und werden mitgefasst. Die Nahtzugaben an den Rundungen einschneiden, den Beleg wenden und bügeln. Die schmalen Ausläufer des Belegs flach anlegen und von Hand festnähen.

FERTIGSTELLUNG

1. Die gesamte Oberkante mit etwa 5 mm Kantenabstand sorgfältig absteppen.

2. In jeden Träger ein Knopfloch arbeiten (oder zwei, wenn die Träger verstellbar sein sollen). Beachten Sie dabei die Hinweise im Handbuch Ihrer Nähmaschine. Die Knöpfe auf der inneren Passe annähen.

Latzhose für Sonne und Regen

So eine praktische Latzhose können alle Mädchen und Jungen gut gebrauchen. Verwenden Sie einen strapazierfähigen Stoff wie Köper oder Denim.

■■☐

MATERIAL

- ⊕ Schnittmuster für Latzhose, Passe, Träger und Tasche (Bogen B pink)
- ⊕ Vorlage für Sonne (S. 209) oder Regenbogen und Tropfen (S. 210)
- ⊕ Mittelfestes Baumwollgewebe, z.B. Cord oder Köper (Stoffbedarf siehe unten)
- ⊕ Schneiderkreide
- ⊕ Ca. 25 cm Stoff in Kontrastfarbe, uni oder gemustert, für die innere Passe, den hinteren Beleg, die Rückseiten der Träger und die Aufschläge
- ⊕ Stoffreste in Regenbogenfarben, etwas mehr Gelb für das Gesicht
- ⊕ 30 × 30 cm Haftvlies zum Aufbügeln
- ⊕ Farblich passendes Nähgarn
- ⊕ 2 oder 4 Knöpfe

ZUSCHNEIDEN

1. Zuerst die passende Größe für das Kind aussuchen (siehe unten). Die Schnittmuster für die Latzhose durchpausen, dabei die Linien für die gewählte Größe und den Aufschlag am Hosenbein beachten.

2. Den Stoff bügeln und auf einer großen Arbeitsfläche ausbreiten. Sie brauchen zwei Hosenteile, eine Passe, zwei Taschen und zwei Träger. Die Fadenlaufpfeile auf dem Schnittmuster verlaufen parallel zur Webkante. Der Strich verläuft bei Samt und Cord von oben nach unten.

3. Die Umrisse der Schnittmuster mit Schneiderkreide auf den Stoff zeichnen. Die Nahtzugabe beträgt 1 cm. Die Teile sorgfältig zuschneiden.

4. Mithilfe der Schnittmuster aus kontrastfarbigem Stoff die innere Passe, den hinteren Beleg, zwei Träger und zwei Hosenaufschläge zuschneiden. An allen Kanten die Nahtzugabe von 1 cm berücksichtigen. Bei Bedarf kann die Passe mit Bügeleinlage oder einfarbigem Baumwollstoff verstärkt werden.

GRÖSSEN

Alter	Körpergröße
6–18 Monate	bis 80 cm
18 Monate–3 Jahre	bis 98 cm
3–5 Jahre	bis 110 cm

STOFFBEDARF

	6 Monate–3 Jahre	3–5 Jahre
110 cm Breite	120 cm	140 cm
150 cm Breite	100 cm	120 cm

PASSE UND TASCHEN

1. Haftvlies auf die Rückseite der Stoffe für die Motive bügeln. Die Motive anhand der Vorlagen von Seite 209 und 210 auf das Trägerpapier zeichnen und die Formen sauber ausschneiden.

2. Das Trägerpapier vom Haftvlies abziehen. Die Formen auf die äußere Passe legen und mit einem Tuch aufbügeln. Knappkantig feststeppen.

3. Die Passen rechts auf rechts legen. Die gerundeten Oberkanten mit 1 cm Nahtzugabe zusammennähen. Die Nahtzugaben an den Rundungen vorsichtig einkerben, dann die Passe auf rechts wenden und bügeln.

4. Die Taschen rundherum mit Zickzack- oder Overlockstich versäubern. Die Oberkante 1,5 cm nach links umbügeln und feststeppen. Die anderen Kanten 1 cm nach links umbügeln. Kleine Wolken oder Regentropfen applizieren.

5. Die Taschen gemäß Markierung auf die Vorderteile der Hose stecken.

6. Die Taschen knappkantig feststeppen. Anfang und Ende der Naht mit Rückstichen verriegeln oder mit kleinen, gesteppten Dreiecken sichern.

ZUSAMMENNÄHEN UND TRÄGER ANSETZEN

1. Die Hosenteile rechts auf rechts legen. Die vordere und hintere Mittelnaht mit 1 cm Nahtzugabe schließen – am besten zweimal nähen, damit sie gut halten. Die Schnittkanten versäubern und die Nahtzugaben auseinanderbügeln.

2. Einen kontrastfarbigen Streifen rechts auf rechts an die Saumkante des Hosenbeins nähen. Die Nahtzugaben versäubern und auseinanderbügeln. Die Unterkante versäubern. Am anderen Hosenbein wiederholen.

3. Die inneren Beinnähte einschließlich der angesetzten Streifen von einem Saum zum anderen in einem Zug steppen. Die Schnittkanten versäubern. Den Aufschlag nach links umfalten, auf die Ansatznaht stecken und feststeppen. Am anderen Hosenbein wiederholen.

4. Je einen Träger aus Hosenstoff und kontrastfarbigem Stoff rechts auf rechts mit 1 cm Nahtzugabe zusammennähen, die gerade Schmalseite bleibt offen. Die Nahtzugaben an den Rundungen einkerben, dann auf rechts wenden und bügeln. Den anderen Träger ebenso nähen. Die Träger so an die hinteren Schultern nähen, dass sie sich kreuzen.

5. Ins Vorderteil zwei Fältchen legen, die sich zu den Seitennähten öffnen. Stecken und mit einigen Handstichen fixieren.

6. Die äußere Passe rechts auf rechts an die Oberkante des Vorderteils nähen. Schnittkanten versäubern, zur Passe bügeln.

7. Die Unterkanten von innerer Passe und hinterem Beleg versäubern. Den Beleg rechts auf rechts auf das Rückenteil legen und an der Oberkante festnähen. Die Träger liegen dabei zwischen den Stofflagen und werden mitgefasst. Die Nahtzugaben an den Rundungen einschneiden, den Beleg wenden und bügeln. Die schmalen Ausläufer des Belegs flach anlegen und von Hand festnähen.

FERTIGSTELLUNG

1. Die gesamte Oberkante knappkantig absteppen.

2. In jeden Träger ein Knopfloch arbeiten (oder zwei, wenn die Träger verstellbar sein sollen). Beachten Sie dabei die Hinweise im Handbuch Ihrer Nähmaschine. Die Knöpfe auf der inneren Passe festnähen.

Herr und Frau Wolf

Diese niedliche Latzhose fordert geradezu zu fantasievollen Spielen heraus. Ich habe sie aus weichem, aber strapazierfähigem Cord genäht und für Innenohren und Aufschläge einen lustigen Druckstoff in Kontrastfarbe ausgesucht. Frau Wolf würde auch ein Blümchenmuster gut stehen. Das Gesicht kennen Sie schon vom Kleid mit dem Fuchs.

MATERIAL

- ⊕ Schnittmuster für Latzhose, Passe, Beleg, Träger und Tasche (Bogen B pink)
- ⊕ Vorlage für das Wolfsgesicht (S. 203)
- ⊕ Mittelfestes Baumwollgewebe, z. B. Cord oder Köper (Stoffbedarf siehe unten)
- ⊕ Schneiderkreide (nach Belieben) oder weicher Bleistift
- ⊕ Druckstoff in Kontrastfarbe für Beleg, Ohren und Aufschläge
- ⊕ Schwarzen Stoff für Hosenboden, Nase und Augen
- ⊕ Baumwollstoff in Cremeweiß für die Wangen
- ⊕ 30 × 30 cm Haftvlies zum Aufbügeln
- ⊕ Filzreste in Weiß
- ⊕ Farblich passendes Nähgarn
- ⊕ 2 oder 4 Knöpfe

GRÖSSEN

Alter	Körpergröße
6–18 Monate	bis 80 cm
18 Monate–3 Jahre	bis 98 cm
3–5 Jahre	bis 110 cm

STOFFBEDARF	6 Monate–3 Jahre	3–5 Jahre
110 cm Breite	120 cm	140 cm
150 cm Breite	100 cm	120 cm

ZUSCHNEIDEN

1. Zuerst die passende Größe für das Kind aussuchen (siehe S. 163). Die Schnittmuster für die Latzhose durchpausen, dabei die Linien für die gewählte Größe und den Aufschlag am Hosenbein beachten.

2. Den Stoff bügeln und auf einer großen Arbeitsfläche ausbreiten. Sie brauchen zwei Hosenteile, eine Passe, zwei Taschen und vier Träger. Die Fadenlaufpfeile auf dem Schnittmuster verlaufen parallel zur Webkante. Der Strich verläuft bei Samt und Cord von oben nach unten. Bei Bedarf kann die Passe mit Bügeleinlage oder einfarbigem Baumwollstoff verstärkt werden.

3. Die Umrisse der Schnittmuster mit Schneiderkreide auf den Stoff zeichnen. Die Nahtzugabe beträgt 1 cm. Die Teile sorgfältig zuschneiden.

4. Mithilfe des Schnittmusters aus kontrastfarbigem Stoff die innere Passe, den hinteren Beleg und zwei Hosenaufschläge zuschneiden. An allen Kanten die Nahtzugabe von 1 cm berücksichtigen.

PASSE UND TASCHEN

1. Haftvlies auf die Rückseite des gemusterten Stoffs für die inneren Ohren bügeln. Anhand der Vorlage auf Seite 203 zwei innere Ohren zuschneiden.

2. Das Trägerpapier abziehen und die inneren Ohren auf die rechte Stoffseite von zwei äußeren Ohren legen. Aufbügeln, dann mit farblich passendem Garn knappkantig feststeppen.

3. Vorder- und Rückseite eines Ohrs rechts auf rechts mit 1 cm Nahtzugabe zusammennähen, die Unterkante bleibt offen. Die Nahtzugaben an der Spitze

abschneiden. Das Ohr wenden und bügeln. Mit dem anderen Ohr wiederholen

4. Haftvlies auf die Rückseite eines dunklen Stoffrests für Augen und Nase bügeln. Die Teile anhand der Vorlage auf Seite 203 zuschneiden.

5. Die Wangen in Cremeweiß ausschneiden. Die inneren Rundungen 1 cm nach links umbügeln. Die Wangen so auf die vordere Passe stecken, dass die Schnittkanten aufeinanderliegen. Mit passendem Nähgarn knappkantig feststeppen.

6. Bei Augen und Nase das Trägerpapier vom Haftvlies abziehen und auf das Gesicht legen. Mit einem Tuch aufbügeln. Knappkantig feststeppen.

7. Die Passen rechts auf rechts legen. Die Ohren zwischen die Lagen schieben und feststecken. Die Oberkanten der Passen mit 1 cm Nahtzugabe zusammennähen, dabei die Ohren mitfassen. Die Nahtzugaben an den Rundungen einkerben. Die Passen auf rechts wenden und bügeln.

8. Die ausgeschnittenen Taschen ringsherum mit Zickzack- oder Overlockstich versäubern. Die Oberkanten 2 cm nach links umbügeln und feststeppen. Die übrigen Kanten 1 cm nach links umbügeln. Die Taschen entsprechend den Markierungen auf die vorderen Hosenbeine stecken.

9. Für die Krallen aus Filz sechs spitzwinklige Dreiecke (kurze Seite 2 cm, lange Seiten 4 cm) zuschneiden. Drei Krallen unter den Rand jeder Tasche schieben, dann die Taschen knappkantig auf die Hose steppen. Dabei werden die Krallen mitgefasst.

HOSENBODEN

Den Umriss des Hosenbodens aus dem Schnittmuster für die Latz-
hose herauskopieren. Die Hosenbodenhälften zweimal aus Haupt-
stoff oder kontrastfarbigem Stoff zuschneiden. Die Teile gemäß der
Markierung auf die Hosenteile stecken und knappkantig feststeppen.
Der Hosenboden sieht lustig aus und ist eine praktische, robuste
Verstärkung.

ZUSAMMENNÄHEN UND TRÄGER ANSETZEN

1. Die Hosenteile rechts auf rechts legen. Die vordere und hintere
Mittelnaht mit 1 cm Nahtzugabe schließen – am besten zweimal nähen,
damit sie gut halten. Die Schnittkanten versäubern und die Nahtzugaben
auseinanderbügeln.

2. Einen kontrastfarbigen Streifen rechts auf rechts an die Saumkante des Hosenbeins nähen. Die Nahtzugaben versäubern und auseinanderbügeln. Die Unterkante versäubern. Am anderen Hosenbein
wiederholen.

3. Die inneren Beinnähte einschließlich der angesetzten Streifen von
einem Saum zum anderen in einem Zug steppen. Die Schnittkanten versäubern. Den Aufschlag nach links umfalten, auf die Ansatznaht stecken
und feststeppen. Am anderen Hosenbein wiederholen.

4. Zwei Trägerteile rechts auf rechts mit 1 cm Nahtzugabe zusammennähen, die gerade Schmalseite bleibt offen. Die Nahtzugaben an den
Rundungen einkerben, dann auf rechts wenden und bügeln. Den anderen
Träger ebenso nähen. Die Träger so an die hinteren Schultern nähen, dass
sie sich kreuzen (siehe S. 156).

5. Ins Vorderteil zwei Fältchen legen, die sich zu den Seitennähten
öffnen. Stecken und mit einigen Handstichen fixieren.

6. Die äußere Passe rechts auf rechts an die Oberkante des Vorderteils
nähen. Die Schnittkanten versäubern und in die Passe bügeln.

7. Den hinteren Beleg rechts auf rechts auf das Rückenteil legen und
an der Oberkante festnähen. Die Träger liegen dabei zwischen den
Stofflagen und werden mitgefasst. Die Nahtzugaben an den Rundungen
einschneiden, den Beleg wenden und bügeln. Die schmalen Ausläufer
des Belegs flach anlegen und von Hand festnähen.

FERTIGSTELLUNG

1. Die gesamte Oberkante
der Latzhose mit 5 mm Kantenabstand absteppen.

2. In jeden Träger ein
Knopfloch arbeiten (oder zwei,
wenn die Träger verstellbar
sein sollen). Beachten Sie
dabei die Hinweise im Handbuch Ihrer Nähmaschine. Die
Knöpfe an der inneren Passe
annähen.

Märchenumhang

Das feuerrote Cape lässt an alte Volksmärchen denken. Es sieht über einem hübschen Kleid so entzückend aus, dass auch der böseste Wolf bezaubert sein wird. Der Umhang hat eine spitze Kapuze, die auch einzeln genäht werden kann (siehe S. 173).

MATERIAL

- Schnittmuster für Vorderteil, Rückenteil, Seitenteil und Kapuze des Umhangs (Bogen B schwarz)
- 120 cm Samt oder Feincord, mindestens 110 cm breit
- 120 cm Futterstoff, mindestens 110 cm breit
- Schneiderkreide
- Farblich passendes Nähgarn
- Zackenlitze (nach Belieben)
- 1 Knopf, 2 cm Ø

ZUSCHNEIDEN

1. Zuerst die passende Größe für das Kind wählen (siehe S. 30). Die Schnittmuster für Vorderteil, Rückenteil, Seitenteil und Kapuze des Umhangs durchpausen, dabei die Linien für die richtige Größe beachten.

2. Die Umrisse der Schnittmuster mit Schneiderkreide auf den Stoff zeichnen. Die Nahtzugabe beträgt 1 cm. Die Teile sorgfältig zuschneiden.

UMHANG UND KAPUZE ZUSAMMENNÄHEN

1. Die beiden Kapuzenseitenteile aus Oberstoff rechts auf rechts zusammenstecken. Die obere und die hintere Naht mit 1 cm Nahtzugabe schließen. Die Nahtzugabe an der Ecke schräg abschneiden. Mit den Teilen aus Futterstoff wiederholen.

2. Kapuze und Futter rechts auf rechts entlang der Vorderkante zusammennähen. Bügeln, wenden und nochmals bügeln.

3. Sie können nun in 2 cm Abstand zur Vorderkante Zackenlitze auf die Kapuze nähen.

4. Aus Oberstoff eine Knopfschlaufe nähen (siehe S. 40), die knapp über den Knopf passt.

5. Vom Umhang je ein Vorderteil und Seitenteil rechts auf rechts zusammennähen, dabei die Öffnungen für die Hände offen lassen. Die Nahtzugaben auseinanderbügeln.

6. Die Seitenteile rechts auf rechts an das Rückenteil nähen. Die Nahtzugaben auseinanderbügeln.

7. Die Kapuze rechts auf rechts an den Halsausschnitt stecken. Die Vorderkanten von Kapuze und Umhang müssen bündig abschließen. Mit 1 cm Nahtzugabe festnähen. Die Nahtzugaben an den Rundungen einschneiden und auseinanderbügeln.

TIERISCH GUTE KLEIDUNG

DAS FUTTER ZUSAMMENNÄHEN

1. Das Umhangfutter ebenso wie den Umhang aus Oberstoff zusammennähen und bügeln. An das Kapuzenfutter nähen, aber hinten eine Öffnung lassen, die groß genug ist, um den Umhang später zu wenden. Bügeln.

2. Umhang und Futter rechts auf rechts zusammenstecken. Die Knopfschlaufe an der Vorderkante zwischen die Lagen schieben. Rundum zusammennähen, dabei die Knopfschlaufe mitfassen.

3. Die Nahtzugaben an den Ecken schräg abschneiden. Durch die Öffnung im Nacken auf rechts wenden. Sorgfältig bügeln.

TIPP
Wenn Sie den Umhang aus Samt nähen, bügeln Sie ihn nur vorsichtig von links, damit der Flor nicht flach gedrückt wird. Am besten ein Frotteetuch unterlegen.

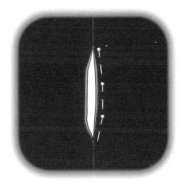
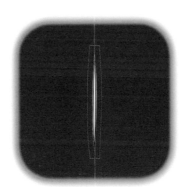

FERTIGSTELLUNG

1. Die Nahtzugaben der Handöffnungen von Oberstoff und Futter nach links umbügeln. Die Öffnungen genau aufeinanderstecken und mit 5 mm Kantenabstand absteppen.

2. Die Wendeöffnung im Nacken zunähen.

3. Den Knopf annähen. Sie können 2 cm über der Saumkante von rechts noch Zackenlitze aufsteppen.

Zipfel-
kapuze

Diese Kapuze für kleine Kinder gefällt mir wegen ihres skandinavischen Stils besonders gut. Sie ist nach dem Schnittmuster für den Umhang ganz leicht zu nähen. Wer möchte, verziert die Vorderkante mit einer Zackenlitze oder Borte in Kontrastfarbe.

MATERIAL

- Schnittmuster für die Kapuze des Umhangs (Bogen B schwarz)
- 25 cm Stoff (z. B. Samt)
- 25 cm Futterstoff
- Stoff für einen Schrägstreifen von 60 × 5 cm
- Zackenlitze (nach Belieben)
- Farblich passendes Nähgarn

1. Das Schnittmuster für die Kapuze des Umhangs durchpausen, dabei die Linien für die richtige Größe beachten. Zwei Kapuzenteile zuschneiden. Auf die Laufrichtung des Strichs achten. Zwei Kapuzenteile aus Futterstoff zuschneiden.

2. Die Kapuze nähen, wie in Schritt 1–3 auf Seite 168 beschrieben. Nahe der hinteren Mitte eine Kellerfalte einlegen, sodass die Unterkante noch 32 cm misst.

3. Beide Längskanten des Schrägstreifens zur Mitte bügeln und wieder auffalten. Den Streifen rechts auf rechts an die Unterkante der Kapuze stecken, jeweils von der Mitte nach außen. Den Streifen festnähen.

4. Die offenen Kanten der überstehenden Schräg-streifenenden zusammennähen. Sie dienen als Bindebänder.

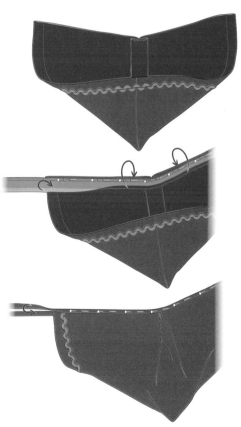

Träumender Löwe

Für diese Jacke stand das Kinderbuch »Max und der Löwe« von Maurice Sendak Pate, das unsere Kinder lieben. In Goldgelb mit interessant gemusterter Mähne steht die Jacke kleinen Mädchen und Jungs gleichermaßen gut.

■ ■ ■

MATERIAL

- ⊕ Schnittmuster für Jacke, Ärmel, Seitenteil und Tasche (Bogen A schwarz) sowie Zwickel und Gesicht für die Kapuze (Bogen B schwarz)
- ⊕ Vorlage für das Gesicht des schläfrigen Löwen (S. 211)
- ⊕ 150 cm weicher, warmer Oberstoff, mindestens 110 cm breit
- ⊕ 150 cm einfarbiger Baumwollstoff oder Microfleece für das Futter, mindestens 110 cm breit
- ⊕ Schneiderkreide
- ⊕ Kontrastfarbiger Stoff für Taschen und Ellenbogenflicken
- ⊕ Stoffreste für Mähne, innere Ohren und Gesicht
- ⊕ Haftvlies zum Aufbügeln
- ⊕ Filz für die Krallen
- ⊕ Farblich passendes Nähgarn
- ⊕ 4 Knöpfe

ZUSCHNEIDEN

1. Die passende Größe wählen (siehe S. 30). Die Schnittmuster durchpausen. Das Vorderteil hat einen tieferen Ausschnitt und eine gerade Unterkante, das Rückenteil hat eine gerundete Unterkante. Auch die Schnittmuster für Ärmel, Kapuzenzwickel, -seitenteil und -gesicht durchpausen. Dabei die Linien für die richtige Größe beachten.

2. Oberstoff und Futter bügeln, auf einer großen Arbeitsfläche ausbreiten und die Schnittmuster auflegen. Sie brauchen je ein Rückenteil, zwei Vorderteile, zwei Ärmel sowie für die Kapuze einen Zwickel, ein Gesicht und zwei Seitenteile. Die Fadenlaufpfeile auf dem Schnittmuster müssen parallel zur Webkante verlaufen. Dieselben Teile aus Futterstoff zuschneiden.

3. Aus kontrastfarbigem Stoff zwei Taschen und zwei Ellenbogenflicken zuschneiden.

GESICHT

1. Vier Ohren und 8 Mähnenteile zuschneiden. Die Nahtzugabe beträgt 1 cm.

2. Je zwei Ohren rechts auf rechts und mit 5 mm Kantenabstand zusammennähen. Die Unterkante bleibt offen. Die Nahtzugabe an den Rundungen einkerben. Auf rechts wenden und bügeln.

3. Haftvlies auf die Rückseiten des Stoffs für die Gesichtszüge bügeln.

4. Die Umrisse von zwei Augen, einer Nase und sechs Tasthaaren auf das Trägerpapier zeichnen. Die Formen ausschneiden.

5. Das Trägerpapier abziehen, die Teile auf das Gesicht bzw. die Ohren legen und mit einem Bügeltuch aufbügeln. Knappkantig mit passendem Garn feststeppen.

6. In jedes Ohr ein Fältchen legen, damit sich Ohrmuscheln bilden. Die Ohren und die Halbkreise für die Mähne an das Gesicht stecken und festnähen.

KAPUZE

1. Die beiden Seitenteile der Kapuze rechts auf rechts mit 1 cm Nahtzugabe an die Längskanten des Zwickels nähen. Die Nahtzugaben auseinanderbügeln. Die Oberkante des Gesichts rechts auf rechts an die Vorderkanten von Zwickel und Seitenteilen nähen.

2. Das Futter der Kapuze ebenso zusammensetzen.

3. Kapuze und Futter rechts auf rechts zusammenstecken und die Vorderkanten zusammennähen. Die Nahtzugaben an der Rundung einkerben, dann wenden.

4. Die Kapuze, vor allem die gerundeten Kanten, sorgfältig bügeln.

5. Die Vorderkante der Kapuze mit 5 mm Kantenabstand absteppen.

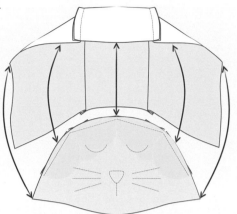

TASCHEN UND ELLENBOGENFLICKEN

1. Die Taschenkanten ringsherum versäubern. Die Oberkante 2 cm nach links umbügeln und absteppen. Die übrigen Kanten 1 cm nach links umbügeln.

2. Für die Krallen aus Filz sechs spitzwinklige Dreiecke (kurze Seite 2 cm, lange Seiten 4 cm) zuschneiden. Drei Krallen unter den Rand jeder Tasche schieben, dann die Taschen knappkantig auf die Jacke steppen, dabei die Krallen mitfassen. Anfang und Ende der Naht mit Rückstichen verriegeln oder kleine Dreiecke zur Verstärkung steppen.

3. Zwei ovale Ellenbogenflicken (ca. 11 × 13 cm) zuschneiden. Die Kanten versäubern oder 5 mm nach links umbügeln. Die Flicken mittig auf die hinteren Ärmel stecken und knappkantig feststeppen.

ZUSAMMENNÄHEN

1. Rücken- und Vorderteile rechts auf rechts zusammenstecken und die Schulternähte mit 1 cm Nahtzugabe steppen. Die Nahtzugaben zum Rückenteil bügeln. Die Schulternähte zur Verstärkung mit 5 mm Abstand zur Naht absteppen.

2. Die Jacke flach ausbreiten. Die Ärmelrundung rechts auf rechts feststecken und -nähen. Die Nahtzugaben zu den Ärmeln bügeln und zur Verstärkung mit 5 mm Abstand zu den Nähten absteppen.

3. Die Seiten- und Ärmelnähte in einem Zug schließen und bügeln.

4. Die Unterkante der Kapuze aus Oberstoff an die Ausschnittkante der Jacke stecken, dabei die Knipse aufeinander ausrichten. Die Kapuze endet auf jeder Seite 2 cm vor der Vorderkante der Jacke. Die Kapuze festnähen. Die Nahtzugaben einschneiden und bügeln.

5. Schritt 1–4 mit dem Futter wiederholen. Das Futter auf links wenden und über die Jacke ziehen. Beide Lagen entlang aller Vorderkanten (einschließlich der Vorderkante der Kapuze) und der Saumkante zusammennähen, aber in der Saumkante eine 20 cm lange Öffnung lassen. Die Nahtzugaben an den Ecken schräg abschneiden. Die Jacke durch die Öffnung wenden. Sorgfältig bügeln, dabei die Nahtzugaben an der Öffnung einschlagen. Die Jacke mit 5 mm Kantenabstand rundherum absteppen. Dabei wird die Öffnung in der Saumkante geschlossen.

6. Die Ärmelkanten von Oberstoff und Futter 1,5 cm nach links umbügeln, zusammenstecken und knappkantig absteppen. Bügeln.

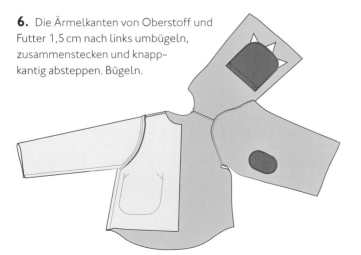

FERTIGSTELLUNG

1. Die Positionen der Knopflöcher anzeichnen. Vier Knopflöcher arbeiten. (Nähen Sie vorher sicherheitshalber ein Probeknopfloch auf zusammengesteckten Resten von Oberstoff und Futter.)

2. Die Knöpfe annähen.

Bärenjacke

Diese tolle Jacke für kleine Abenteurer erfordert etwas mehr Zeiteinsatz. Die Mühe lohnt sich, denn so eine Bärenjacke hält in jeder Jahreszeit schön warm.

∎∎∎

MATERIAL

- ⊕ Schnittmuster für Jacke, Ärmel, Seitenteil und Tasche (Bogen A schwarz) sowie Zwickel und Gesicht für die Kapuze (Bogen B schwarz)
- ⊕ Vorlage für das Bärengesicht (S. 207)
- ⊕ 150 cm weicher, warmer Oberstoff, mindestens 110 cm breit
- ⊕ 150 cm einfarbiger Baumwollstoff oder Mikrofleece für das Futter, mindestens 110 cm breit
- ⊕ Schneiderkreide (nach Belieben)
- ⊕ Stoffreste für die Gesichtszüge und die inneren Ohren
- ⊕ Kontrastfarbiger Stoff für die Taschen und die Ellenbogenflicken
- ⊕ Haftvlies zum Aufbügeln
- ⊕ Filz für die Krallen
- ⊕ Farblich passendes Nähgarn
- ⊕ 4 Knöpfe

ZUSCHNEIDEN

1. Zuerst die passende Größe für das Kind wählen (siehe S. 30). Das Schnittmuster für die Jacke durchpausen. Sie brauchen ein Vorderteil mit tieferem Ausschnitt und gerader Unterkante, ein längeres Rückenteil mit gerundeter Unterkante, den Ärmel sowie Gesicht, Seitenteil und Zwickel für die Kapuze. Achten Sie beim Durchpausen auf die Linien für die richtige Größe.

2. Den Stoff bügeln, auf einer großen, ebenen Arbeitsfläche ausbreiten. Die Schnittmusterteile auf den Stoff legen. Ein Rückenteil und zwei Vorderteile zuschneiden, außerdem zwei Ärmel, ein Gesicht, zwei Seitenteile und einen Zwickel für die Kapuze. Die Fadenlaufpfeile auf dem Schnittmuster müssen parallel zur Webkante verlaufen. Der Strich verläuft bei Cord und Samt von oben nach unten. Die gleichen Teile auch aus dem Futterstoff zuschneiden.

3. Aus kontrastfarbigem Stoff zwei Taschen und zwei Ellenbogenflicken (ca. 11 × 13 cm) zuschneiden.

> **TIPP**
> Mit Fleecefutter wird die Jacke kuschelig warm. Für eine Sommerjacke ist ein dünnes Baumwollfutter gut geeignet. Für das Gesicht können Sie auch eine andere Tiervorlage aus dem Anhang wählen.

GESICHT

1. Anhand der Vorlage auf Seite 207 vier Ohren aus Jackenstoff zuschneiden. Die Nahtzugabe beträgt 1 cm.

2. Auf die Rückseiten aller Stoffe für die Gesichtszüge und die inneren Ohren Haftvlies bügeln.

3. Die Umrisse der Motivteile auf das Trägerpapier zeichnen. Zwei innere Ohren, zwei Augen, eine Nase und eine Schnauze zuschneiden.

4. Das Trägerpapier abziehen und die Teile auf das Gesicht bzw. die Ohren legen. Mit einem Bügeltuch aufbügeln, dann mit passendem Nähgarn knappkantig feststeppen.

5. Je zwei Ohren rechts auf rechts mit 5 mm Kantenabstand zusammennähen, dabei die Unterkante offen lassen. Die Nahtzugabe an der Rundung einkerben. Auf rechts wenden und bügeln.

6. Die Ohren an die Oberkante des Gesichts nähen.

KAPUZE

1. Die beiden Seitenteile der Kapuze rechts auf rechts mit 1 cm Nahtzugabe an die Längskanten des Zwickels nähen. Die Nahtzugaben auseinanderbügeln. Die Oberkante des Gesichts rechts auf rechts an die Vorderkanten von Zwickel und Seitenteilen nähen (siehe auch Abbildung auf S. 176).

2. Das Futter der Kapuze ebenso zusammensetzen.

3. Kapuze und Futter rechts auf rechts zusammenstecken und die Vorderkanten zusammennähen. Die Nahtzugaben an der Rundung einkerben, dann wenden.

4. Die Kapuze, vor allem die gerundeten Kanten, sorgfältig bügeln.

5. Die Vorderkante der Kapuze mit 5 mm Kantenabstand absteppen.

TASCHEN UND ELLENBOGENFLICKEN

1. Die Taschenkanten ringsherum versäubern. Die Oberkante 2 cm nach links umbügeln und absteppen. Die übrigen Kanten 1 cm nach links umbügeln.

2. Für die Krallen aus Filz sechs spitzwinklige Dreiecke (kurze Seite 2 cm, lange Seiten 4 cm) zuschneiden. Drei Krallen unter den Rand jeder Tasche schieben, dann die Taschen knappkantig auf die Jacke steppen, dabei werden die Krallen mitgefasst. Anfang und Ende der Naht mit Rückstichen verriegeln.

3. Die Kanten der Ellenbogenflicken versäubern oder 5 mm nach links umbügeln. Die Flicken mittig auf die hinteren Ärmel stecken und knappkantig feststeppen.

ZUSAMMENNÄHEN

1. Rücken- und Vorderteile rechts auf rechts zusammenstecken und die Schulternähte mit 1 cm Nahtzugabe steppen. Die Nahtzugaben zum Rückenteil bügeln. Die Schulternähte zur Verstärkung mit 5 mm Abstand zur Naht absteppen.

2. Die Jacke flach ausbreiten. Die Ärmelrundungen rechts auf rechts feststecken und -nähen. Die Nahtzugaben zu den Ärmeln bügeln und zur Verstärkung mit 5 mm Abstand zu den Nähten absteppen.

3. Die Seiten- und Ärmelnähte jeweils in einem Zug schließen. Bügeln.

4. Die Unterkante der Kapuze aus Oberstoff rechts auf rechts an die Ausschnittkante der Jacke stecken, dabei die Knipse aufeinander ausrichten. Die Kapuze endet auf jeder Seite 2 cm vor der Vorderkante der Jacke. Die Kapuze festnähen, dann die Nahtzugaben einkerben und bügeln.

5. Schritt 1–4 mit dem Futter wiederholen. Das Futter auf links wenden und über die Jacke ziehen. Beide Lagen entlang aller Vorderkanten einschließlich der Vorderkante der Kapuze und der Saumkante zusammennähen, aber in der Saumkante eine 20 cm lange Öffnung lassen. Die Nahtzugaben an den Ecken schräg abschneiden. Die Jacke auf rechts wenden. Bügeln, dabei die Nahtzugaben an der Öffnung einschlagen. Die Jacke mit 5 mm Kantenabstand rundherum absteppen. Dabei wird die Öffnung in der Saumkante geschlossen.

6. Die Ärmelkanten von Oberstoff und Futter 1,5 cm nach links umbügeln, zusammenstecken und knappkantig absteppen. Bügeln.

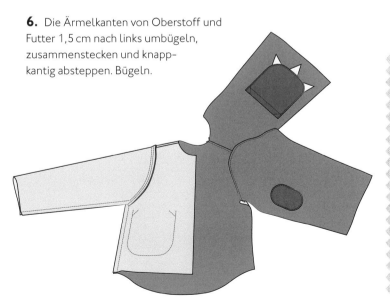

FERTIGSTELLUNG

1. Die Positionen der Knopflöcher anzeichnen. Vier Knopflöcher arbeiten. (Nähen Sie vorher sicherheitshalber ein Probeknopfloch auf zusammengesteckten Resten von Oberstoff und Futter.)

2. Die Knöpfe annähen.

Vogel-Kapuzenpulli

Der Pulli wird aus elastischem Sweatshirtstoff genäht. Stellen Sie auf der Nähmaschine einen Elastikstich ein, damit die Nähte nicht reißen, wenn sich der Stoff dehnt. Meist genügt auch ein Zickzackstich. Nähen Sie sicherheitshalber eine Probenaht auf einem Rest Ihres Stoffs. Das Schnittmuster ist relativ einfach und kommt ohne Rippenbündchen aus.

MATERIAL

- Schnittmuster für Kapuzenshirt, Ärmel, Bauchtasche sowie Gesicht, Seitenteil und Zwickel für die Kapuze (Bogen B schwarz)
- 100 cm Sweatshirtstoff oder Fleece, mindestens 110 cm breit
- Schneiderkreide
- Vorlage für das Vogelgesicht, Federapplikationen und Unterarmfedern (S. 212)
- Bunte Stoffreste für Federn und Gesichtszüge
- Kontrastfarbiger Jersey für das Futter der Kapuze (Sie können auch den Hauptstoff verwenden.)
- Haftvlies zum Aufbügeln
- Farblich passendes Nähgarn

ZUSCHNEIDEN

1. Zuerst die passende Größe für das Kind wählen (siehe S. 30). Das Schnittmuster für das Vorderteil (tieferer Ausschnitt und gerader Saum), das Rückenteil (längerer, gerundeter Saum), den Ärmel, die Bauchtasche, das Gesicht sowie die Seitenteile und den Zwickel der Kapuze durchpausen. Dabei die Linien für die richtige Größe beachten.

2. Ein Gesicht, zwei Kapuzenseitenteile und einen Zwickel aus Futterstoff zuschneiden. Wenn Sie die Kapuze mit dem Hauptstoff füttern, schneiden Sie das Gesicht im Stoffbruch zu, sodass eine Naht an der Vorderkante entfällt.

3. Die Umrisse der Schnittmuster mit Schneiderkreide auf den Stoff zeichnen. Die Nahtzugabe beträgt 1 cm. Die Teile sorgfältig zuschneiden.

APPLIKATIONEN

1. Haftvlies auf die Rückseiten der Stoffe für die Applikationen bügeln. Sie brauchen genug Stoff für fünf Federn. Die Umrisse auf das Trägerpapier zeichnen und die Federn ausschneiden. Das Trägerpapier abziehen, die Teile auf das Vorderteil legen und aufbügeln.

2. Die Federn knappkantig feststeppen.

3. Haftvlies auf die Stoffe für die Gesichtszüge bügeln. Die Formen vorzeichnen (Vorlage auf S. 212), dann genau ausschneiden: zwei Schnäbel, Augenhintergrund, Augen und die kleinen Bogen der Augen.

4. Das zugeschnittene Gesicht mittig falten, sodass ein doppellagiger Halbkreis entsteht. Alternativ Haupt- und Futterstoff entlang dieser Linie zusammennähen, dann an der Naht falten.

5. Die Teile des Gesichts auflegen, aufbügeln und nur an der oberen Stofflage feststeppen.

6. Die beiden Schnäbel mit Haftvlies zusammenbügeln und knappkantig zusammensteppen. Beiseitelegen.

7. Zwei Ohren zuschneiden. Jedes an der langen Kante zusammennähen. Die Nahtzugabe an der Spitze abschneiden. Wenden und an das Gesicht nähen.

8. 16 Federn für die Arme zuschneiden. Paarweise rechts auf rechts entlang der gerundeten Kante zusammennähen. Die Nahtzugabe an der Rundung einkerben. Auf rechts wenden und bügeln.

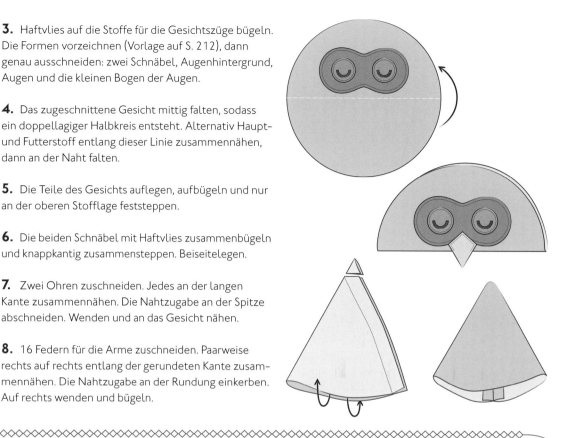

KAPUZE UND TASCHE

1. Die beiden Seitenteile der Kapuze rechts auf rechts mit 1 cm Nahtzugabe an die Längskanten des Zwickels nähen. Die Nahtzugaben auseinanderbügeln. Mit dem Futter wiederholen.

2. Kapuze und Futter rechts auf rechts zusammenstecken und die Vorderkanten zusammennähen. Die gerundeten Kanten des Gesichts in die Öffnung stecken und nähen. Das Gesicht zur Seite legen und die übrigen Außenkanten der Kapuze zusammennähen, hinten eine Öffnung lassen. Die Kapuze durch die Öffnung auf rechts wenden und bügeln.

3. Den Schnabel an die gefaltete Vorderkante der Kapuze nähen.

4. Die Taschenkanten ringsherum versäubern. Die Kanten der beiden Eingriffe 2 cm nach links umbügeln und absteppen. Die anderen Kanten 1 cm nach links umbügeln. Die Tasche auf das Vorderteil stecken und knappkantig feststeppen.

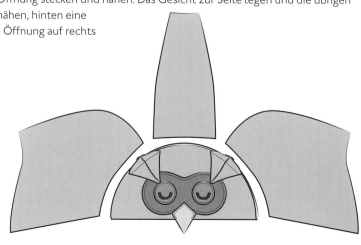

ZUSAMMENNÄHEN

1. Die Schulternähte rechts auf rechts mit einem Stretchstich nähen und versäubern. Bügeln.

2. Die Ärmel rechts auf rechts einsetzen. Versäubern und bügeln.

3. Die Ärmelkanten versäubern.

4. An jede Ärmelnaht drei Federn stecken, eine Feder an die Seitennaht.

5. Ärmel- und Seitennähte schließen, dabei die Federn mitfassen. Versäubern und bügeln.

6. Die Unterkante versäubern. 3 cm nach links umbügeln, dann mit einem Stretchstich feststeppen. Bügeln.

7. Die Ärmelkanten 3 cm nach links umbügeln und ebenfalls mit einem Stretchstich feststeppen.

8. Die gefütterte Kapuze an die Ausschnittkante stecken und mit 1 cm Nahtzugabe festnähen. Die vorderen Ecken der Kapuze sollen sich in der vorderen Mitte leicht überlappen. Die Ausschnittkante versäubern. Den Pulli wenden und bügeln.

Katzenpulli

Ob zum Verkleiden oder für den Kindergarten: Dieser Kapuzenpulli gefällt kleinen Mädchen und Jungs gleich gut.

MATERIAL

- ⊕ Schnittmuster für Kapuzenshirt, Ärmel, (kleine) Tasche sowie Gesicht, Seitenteil und Zwickel für die Kapuze (Bogen B schwarz)
- ⊕ 100 cm Sweatshirtstoff oder Fleece, mindestens 110 cm breit
- ⊕ Schneiderkreide
- ⊕ Vorlage für das Katzengesicht (S. 206)
- ⊕ Stoffreste für die Gesichtszüge und die inneren Ohren
- ⊕ Filz für die Krallen
- ⊕ Haftvlies zum Aufbügeln
- ⊕ Stoff zum Füttern der Kapuze (Sie können auch den Hauptstoff verwenden.)
- ⊕ Farblich passendes Nähgarn

TIPP

Der Pulli wird aus elastischem Sweatshirtstoff genäht. Stellen Sie einen Elastikstich ein, damit die Nähte nicht reißen, wenn sich der Stoff dehnt. Meist genügt auch ein Zickzackstich. Nähen Sie sicherheitshalber eine Probenaht auf einem Stoffrest. Das relativ einfache Schnittmuster kommt ohne Rippenbündchen aus.

ZUSCHNEIDEN

1. Zuerst die passende Größe für das Kind wählen (siehe S. 30). Das Schnittmuster für das Vorderteil (tieferer Ausschnitt und gerader Saum), das Rückenteil (längerer, gerundeter Saum), den Ärmel, die (kleine) Tasche sowie Gesicht, Seitenteil und Zwickel für die Kapuze durchpausen. Dabei die Linien für die richtige Größe beachten.

2. Den Oberstoff bügeln und flach ausbreiten. Ein Vorderteil, ein Rückenteil, zwei Ärmel, zwei Taschen, für die Kapuze ein Gesicht im Stoffbruch sowie einen Zwickel und zwei Seitenteile zuschneiden. Aus Futterstoff zwei Kapuzenseitenteile und einen Zwickel zuschneiden. Der Fadenlauf ist parallel zur Webkante, der Strich verläuft von oben nach unten.

3. Die Umrisse der Schnittmuster mit Schneiderkreide auf den Stoff zeichnen. Die Nahtzugabe beträgt 1 cm. Die Teile sorgfältig zuschneiden.

GESICHT

1. Haftvlies auf die Rückseiten der Stoffe für die Gesichtszüge und die inneren Ohren bügeln. Die Umrisse der Teile auf das Trägerpapier zeichnen. Die Teile ausschneiden.

2. Das Trägerpapier abziehen. Die Teile an ihre Positionen legen und aufbügeln. Das Gesicht dazu in der Mitte falten, sodass ein doppellagiger Halbkreis entsteht.

3. Vier Ohren aus Oberstoff zuschneiden. Zwei innere Ohren aus rosa Stoff mit aufgebügeltem Haftvlies zuschneiden. Das Trägerpapier abziehen. Je ein inneres Ohr auf ein äußeres bügeln und feststeppen. Je zwei Ohren rechts auf rechts und mit 5 mm Kantenabstand zusammennähen. Die Unterkante bleibt offen. Die Nahtzugabe an den Rundungen einkerben. Auf rechts wenden und bügeln. Die Ohren an den angezeichneten Positionen an das Gesicht nähen.

KAPUZE UND TASCHEN

1. Die beiden Seitenteile der Kapuze rechts auf rechts mit 1 cm Nahtzugabe an die Längskanten des Zwickels nähen. Die Nahtzugaben auseinanderbügeln. Mit dem Futter wiederholen.

2. Kapuze und Futter rechts auf rechts zusammenstecken und die Vorderkanten zusammennähen. Die gebogene Kante des Gesichts in die Öffnung nähen. Das Gesicht aus dem Weg legen. Die übrigen Außenkanten der Kapuze zusammennähen, aber hinten eine Öffnung lassen. Die Kapuze durch die Öffnung auf rechts wenden und bügeln.

3. Die Taschenkanten ringsherum versäubern. Die Oberkante 2 cm nach links umbügeln und absteppen. Die übrigen Kanten 1 cm nach links umbügeln. Für die Krallen aus Filz sechs spitzwinklige Dreiecke (kurze Seite 2 cm, lange Seiten 4 cm) zuschneiden. Drei Krallen unter den Rand jeder Tasche schieben, dann die Taschen knappkantig auf das Kleid steppen, dabei die Krallen mitfassen.

ZUSAMMENNÄHEN

1. Die Schulternähte rechts auf rechts mit einem Stretchstich nähen und versäubern. Bügeln.

2. Die Ärmel rechts auf rechts einsetzen. Versäubern und bügeln.

3. Die Ärmelkanten versäubern.

4. Die Seitennähte schließen.

5. Die Unterkante versäubern. 3 cm nach links umbügeln und mit einem Stretchstich feststeppen. Bügeln.

6. Die Ärmelkanten 3 cm nach links umbügeln und mit einem Stretch-stich feststeppen. Bügeln.

7. Die gefütterte Kapuze an den Halsausschnitt stecken und ringsherum mit 1 cm Nahtzugabe festnähen. In der vorderen Mitte überlappen sich ihre Ecken leicht. Die Halsausschnittkante versäubern. Auf rechts wenden und bügeln.

Mäusemütze

Die lustige Mütze ist schnell genäht und eignet
sich prima als individuelles Geschenk.

MATERIAL

- Schnittmuster für Gesicht,
  Seitenteil und Zwickel der
  Kapuze (Bogen B schwarz)
- Vorlage für die Maus (S. 206)
- 50 × 50 cm Oberstoff
- 50 × 50 cm Futterstoff
- Schneiderkreide
- Schwarzer Stoff für die
  Gesichtszüge
- Rosa oder klein gemusterter
  Stoff für innere Ohren und
  Nase
- Weißer Filz für die Krallen
- Haftvlies zum Aufbügeln
- Farblich passendes Nähgarn

ZUSCHNEIDEN

1. Zuerst die passende Größe für das Kind aussuchen (siehe unten). Die
Schnittmuster für Gesicht, Zwickel und Seitenteil der Kapuze vom Kapuzenpulli durchpausen, dabei die Linien für die gewählte Größe beachten.

2. Den Stoff bügeln, auf einer großen, ebenen Arbeitsfläche ausbreiten.
Die Schnittmuster auflegen. Ein Gesicht, einen Zwickel und zwei Seitenteile zuschneiden. Die Fadenlaufpfeile auf dem Schnittmuster müssen
parallel zur Webkante verlaufen. Der Strich von Cord oder Samt verläuft
von oben nach unten. Die gleichen Teile aus Futterstoff zuschneiden.

3. Die Umrisse der Schnittmuster mit Schneiderkreide auf den Stoff
zeichnen. Die Nahtzugabe beträgt 1 cm. Die Teile sorgfältig zuschneiden.

GRÖSSEN	
Größe	**Alter**
XS	6 Monate
S	1–2 Jahre
M	3–5 Jahre
L	5–7 Jahre

GESICHT

1. Anhand der Vorlage auf Seite 206 vier Ohren aus Oberstoff
zuschneiden. Die Nahtzugabe beträgt 1 cm.

2. Haftvlies auf die Rückseiten der Stoffe für die Gesichtszüge und die
inneren Ohren aufbügeln.

3. Die Umrisse von zwei inneren Ohren, zwei Augen, einer Nase und sechs Tasthaaren auf das Trägerpapier zeichnen, dann die Teile sauber ausschneiden.

4. Das Trägerpapier abziehen. Die Teile auf das Gesicht legen, die inneren Ohren auf zwei äußere. Alle Teile mit einem Bügeltuch aufbügeln. Mit passendem Nähgarn knappkantig feststeppen.

5. Zwei Ohren rechts auf rechts zusammenstecken und knappkantig zusammennähen. Die gerade Unterkante bleibt offen. Die Nahtzugaben an den Rundungen einkerben. Wenden und bügeln. Das zweite Ohr ebenso zusammennähen.

6. Die Ohren an ihre Positionen an der Oberkante des Gesichts nähen.

ZUSAMMENNÄHEN

1. Die Seitenteile rechts auf rechts mit 1 cm Nahtzugabe an die Längskanten des Zwickels nähen. Die Oberkante des Gesichts rechts auf rechts an die Vorderkanten der Seitenteile und des Zwickels nähen.

2. Das Futter ebenso zusammennähen.

3. Für die Krallen sechs spitzwinklige Filzdreiecke (kurze Seite 2 cm, lange Seiten 4 cm) zuschneiden. Drei Krallen unter das Ende jeder Ohrenklappe stecken.

4. Mütze und Futter rechts auf rechts ineinanderschieben und ringsherum zusammennähen. In der hinteren Mitte eine etwa 8 cm lange Öffnung lassen. Die Nahtzugaben an den Rundungen einkerben. Die Mütze wenden.

5. Die Mütze, vor allem an den gerundeten Kanten, sorgfältig bügeln. Dabei die Nahtzugaben an der Öffnung einschlagen.

6. Die Mütze rundherum mit 5 mm Kantenabstand absteppen. Dabei wird die Öffnung geschlossen.

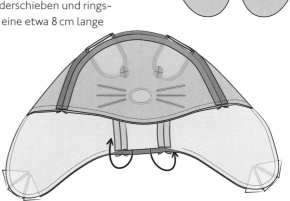

Dachs-
mütze

Versuchen Sie sich an einer Mütze, bevor Sie sich an ein Kleid oder eine Latzhose wagen. Diese lustige Mütze können Sie verschenken. Vielleicht passt die große Größe Ihnen auch selbst.

MATERIAL

- Schnittmuster für Gesicht, Seitenteil und Zwickel der Kapuze (Bogen B schwarz)
- Vorlage für den Dachs (S. 213)
- 50 × 50 cm grauer Oberstoff
- 50 × 50 cm grauer Futterstoff
- Schneiderkreide
- Schwarzer, weißer und grauer Stoff für Gesichtszüge und Ohren
- Rosa Stoff für die inneren Ohren und Nase
- Weißer Filz für die Krallen
- Haftvlies zum Aufbügeln
- Farblich passendes Nähgarn

ZUSCHNEIDEN

1. Zuerst die passende Größe für das Kind aussuchen (siehe unten). Die Schnittmuster für Gesicht, Zwickel und Seitenteil der Mütze durchpausen, dabei die Linien für die gewählte Größe beachten.

2. Den schwarzen und den grauen Stoff bügeln und auf einer großen, ebenen Arbeitsfläche ausbreiten. Die Schnittmuster auflegen. Ein schwarzes Gesicht, einen Zwickel und zwei Seitenteile aus grauem Oberstoff zuschneiden. Die Fadenlaufpfeile auf dem Schnittmuster müssen parallel zur Webkante verlaufen. Der Strich von Cord oder Samt verläuft von oben nach unten. Die gleichen Teile aus Futterstoff zuschneiden.

3. Die Umrisse der Schnittmuster mit Schneiderkreide auf den Stoff zeichnen. Die Nahtzugabe beträgt 1 cm. Die Teile sorgfältig zuschneiden.

GRÖSSE	
Größe	Alter
XS	6 Monate
S	1–3 Jahre
M	3–5 Jahre
L	5–7 Jahre

GESICHT

1. Anhand der Vorlage auf Seite 213 vier Ohren aus Oberstoff zuschneiden. Die Nahtzugabe beträgt 1 cm.

2. Anhand der Vorlage zwei weiße Elemente für das Gesicht zuschneiden, dabei 1 cm Nahtzugabe berücksichtigen. Die Längsseiten 1 cm nach links umbügeln. Die Streifen auf das Gesicht legen und knappkantig feststeppen.

3. Haftvlies auf die Rückseiten der Stoffe für Nase, Augen und innere Ohren bügeln.

4. Die Umrisse von zwei inneren Ohren, zwei Augen und einer Nase auf das Trägerpapier zeichnen, dann die Teile sauber ausschneiden.

5. Das Trägerpapier abziehen. Die Teile auf das Gesicht legen, die inneren Ohren auf zwei äußere. Alle Teile mit einem Bügeltuch aufbügeln. Mit passendem Nähgarn knappkantig feststeppen.

6. Zwei Ohren rechts auf rechts zusammenstecken und knappkantig zusammennähen. Die gerade Unterkante bleibt offen. Die Nahtzugaben an den Rundungen einkerben. Wenden und bügeln. Das zweite Ohr ebenso zusammennähen.

7. Die Ohren an ihre Positionen an der Oberkante des Gesichts nähen.

ZUSAMMENNÄHEN

1. Die Seitenteile rechts auf rechts mit 1 cm Nahtzugabe an die Längskanten des Zwickels nähen. Die Oberkante des Gesichts rechts auf rechts an die Vorderkanten der Seitenteile und des Zwickels nähen.

2. Das Futter ebenso zusammennähen.

3. Für die Krallen sechs spitzwinklige Filzdreiecke (kurze Seite 2 cm, lange Seiten 4 cm) zuschneiden. Drei Krallen unter das Ende jeder Ohrenklappe stecken.

4. Mütze und Futter rechts auf rechts ineinanderschieben und ringsherum zusammennähen. In der hinteren Mitte eine etwa 8 cm lange Öffnung lassen. Die Nahtzugaben an den Rundungen einschneiden. Die Mütze wenden und sorgfältig bügeln. Dabei die Nahtzugaben an der Öffnung einschlagen.

5. Die Mütze rundherum mit 5 mm Kantenabstand absteppen. Dabei wird die Öffnung geschlossen.

Vorlagen

REGENBOGEN-APPLIKATION

Vergrößern auf 150 %.

Im Stoffbruch zuschneiden.

Stoffbruch

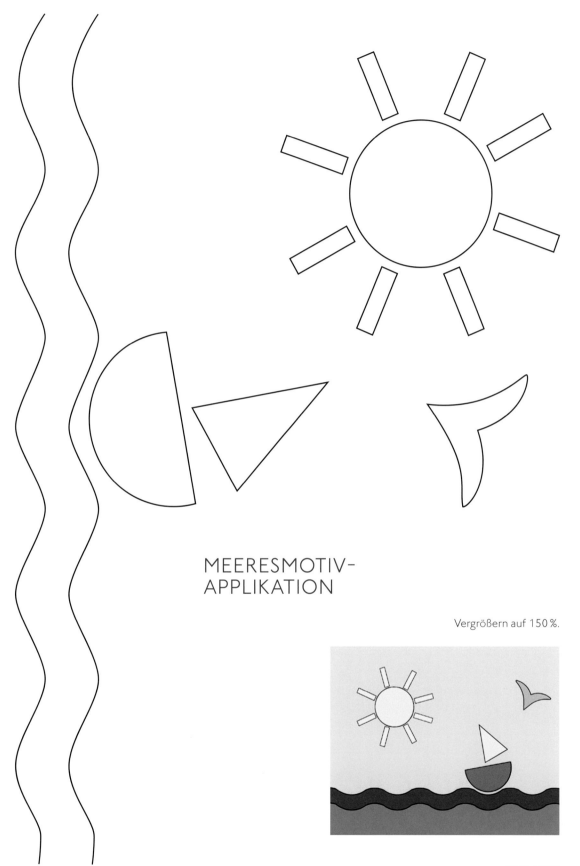

MEERESMOTIV-
APPLIKATION

Vergrößern auf 150 %.

WIMPEL-APPLIKATION

Originalgröße (100 %)

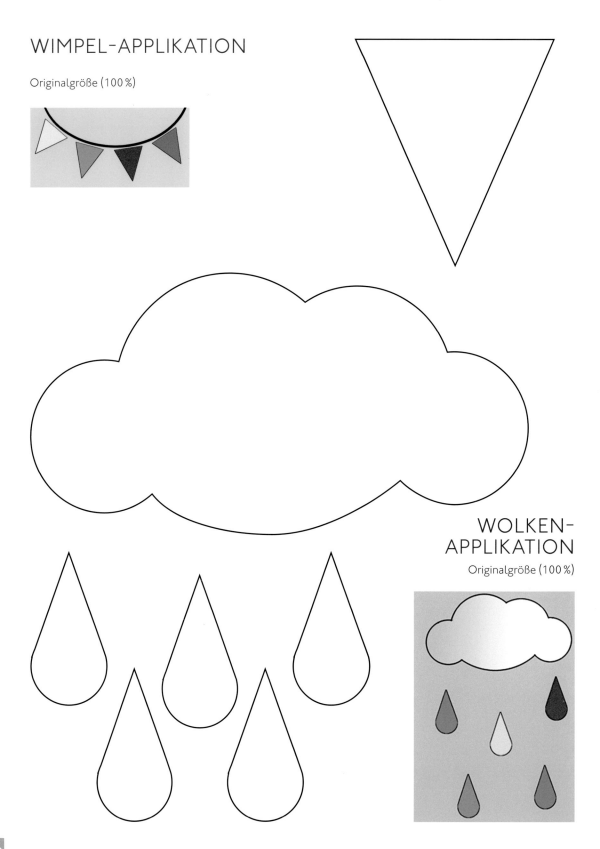

WOLKEN-
APPLIKATION

Originalgröße (100 %)

SONNEN-
APPLIKATION

Vergrößern auf 150 %.

DRACHEN-APPLIKATION

Originalgröße (100 %)

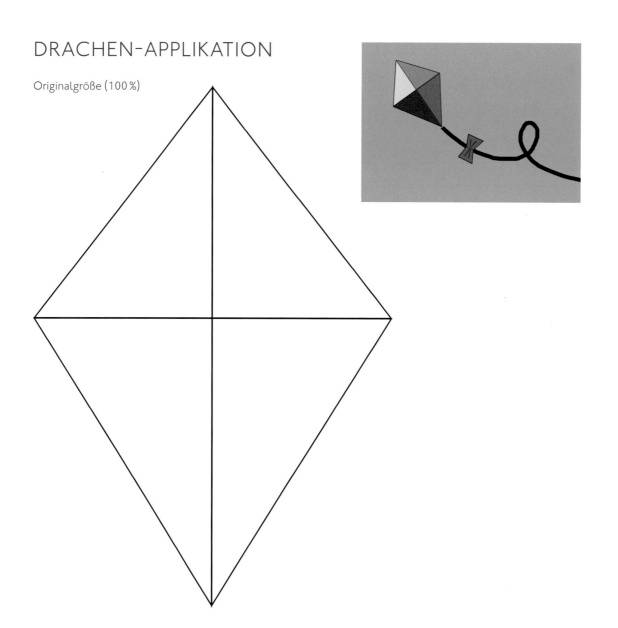

APPLIKATION FÜR
GESICHT FUCHS/WOLF

Vergrößern auf 150 %.

Teile für Ohren und Gesichtskontur rundum
mit 1 cm Nahtzugabe zuschneiden.

APPLIKATION FÜR
GESICHT KÜKEN

Vergrößern auf 150 %.

Die Schwimmfüße rundum
mit 1 cm Nahtzugabe
zuschneiden.

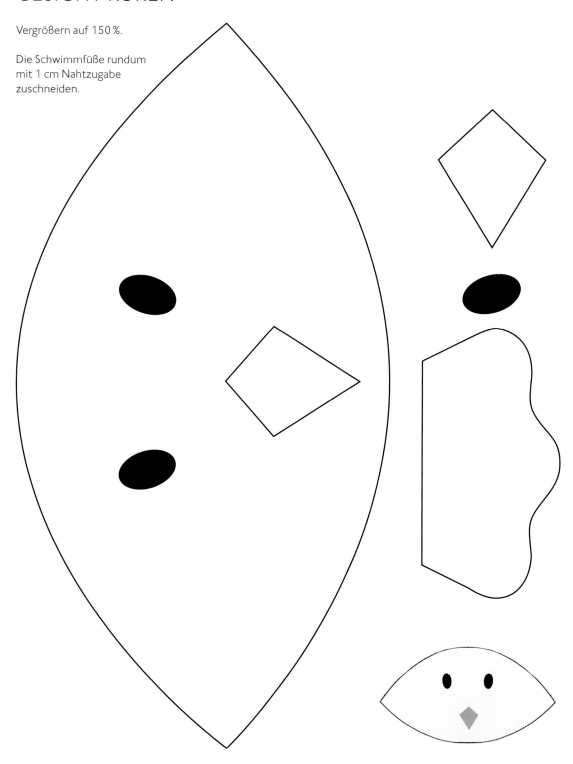

APPLIKATION FÜR
GESICHT EULE

Vergrößern auf 150 %.

Teile für Ohren und Gesichtskontur
rundum mit 1 cm Nahtzugabe
zuschneiden.

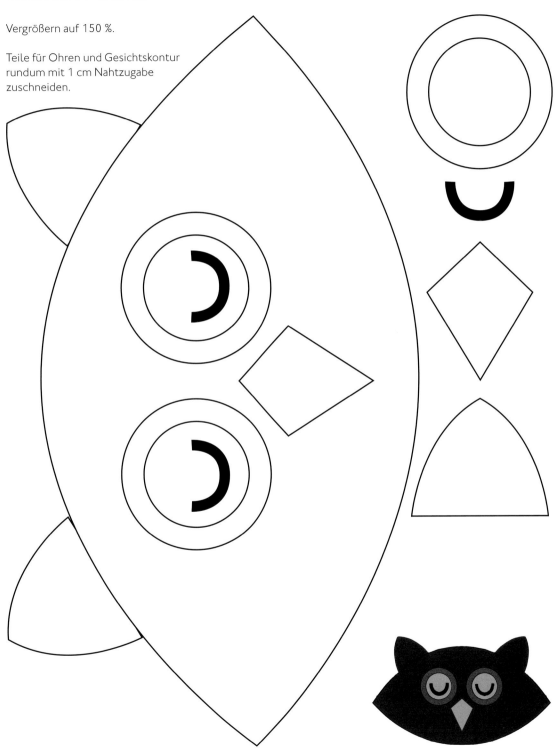

APPLIKATION FÜR
GESICHT MAUS/KATZE

Vergrößern auf 150 %.

Teile für Ohren und Gesichtskontur
rundum mit 1 cm Nahtzugabe
zuschneiden.

APPLIKATION FÜR
GESICHT BÄR

Vergrößern auf 150 %.

Teile für Ohren und Gesichtskontur
rundum mit 1 cm Nahtzugabe
zuschneiden.

GESICHT HUND

Vergrößern auf 150 %.

Teile für Ohren und Gesichtskontur
rundum mit 1 cm Nahtzugabe zuschneiden.

SONNEN-APPLIKATION

Vergrößern auf 150 %.

Kleine Wolke

REGENBOGEN-APPLIKATION

Vergrößern auf 150 %.

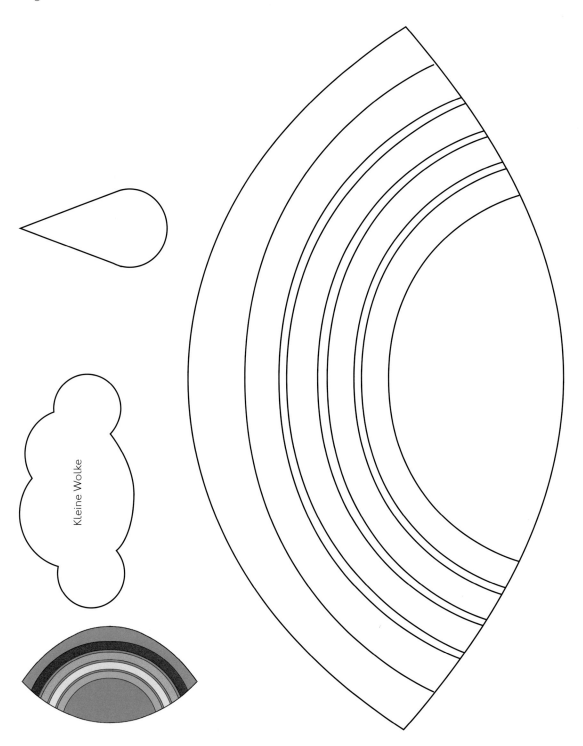

Kleine Wolke

APPLIKATION FÜR GESICHT LÖWE

Vergrößern auf 150 %.

Teile für Ohren, Mähne und Gesichtskontur rundum mit 1 cm Nahtzugabe
zuschneiden.

APPLIKATION FÜR GESICHT VOGEL

Vergrößern auf 150 %.

Federn unter dem Arm mit 1 cm Nahtzugabe an allen Seiten zuschneiden.

Feder unter dem Arm

Feder

APPLIKATION FÜR
GESICHT DACHS

Vergrößern auf 150 %.

Ohren und weiße Streifen rundum mit
1 cm Nahtzugabe zuschneiden.

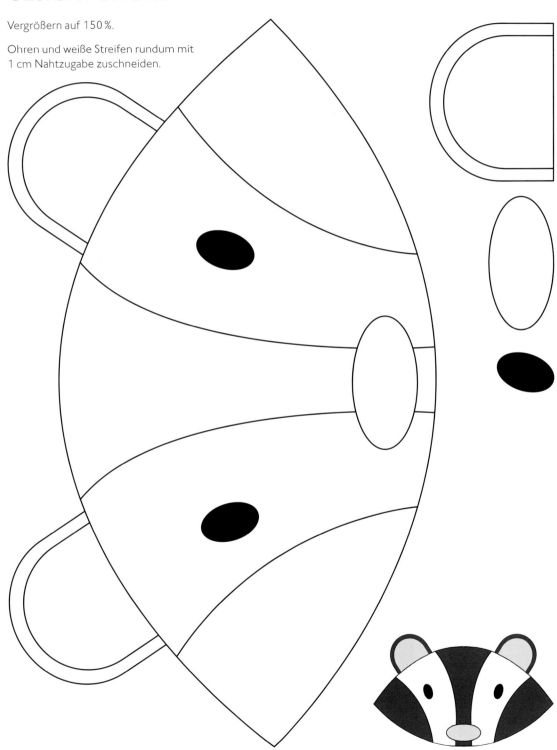

Glossar

Absteppen

Manchmal wird zur Verzierung abgesteppt, häufiger aber zum Stabilisieren von Kanten. Dabei wird – oft mit kontrastfarbigem Garn – auf der rechten Seite des Modells mit geradem Maschinenstich durch alle Stofflagen genäht.

Applikation

Dieser Begriff aus dem Französischen beschreibt in der Schneiderei eine Dekoration, die aus Stoff ausgeschnitten und auf einen anderen Stoff aufgenäht wird.

Beleg

Ein Beleg ist ein in Form geschnittenes Stoffteil, das im Inneren eines Kleidungsstücks liegt und eine Kante oder ein Hauptteil verstärkt.

Bügeln

Verwenden Sie ein hochwertiges Dampfbügeleisen. Wenn eine Naht genäht ist, werden sofort die Nahtzugaben auseinander- oder zu einer Seite gebügelt.

Einfassung

Stoffstreifen, für Rundungen im schrägen Fadenlauf zugeschnitten, die um Schnittkanten genäht werden, damit sie nicht ausfransen. Dienen auch als Verzierung.

Einhalten

Vor dem Zusammennähen zweier ungleich langer Kanten die Mehrlänge der längeren Kante so verteilen, dass die Kanten schließlich zusammenpassen und kleine Fältchen oder Kräuselungen entstehen.

Fadenlauf

Auf Schnittmustern kennzeichnet ein langer Pfeil den Fadenlauf. Er verläuft meist parallel zur vorderen oder hinteren Mitte eines Kleidungsstücks oder in Längsrichtung auf einem Ärmel und zeigt an, wie das Schnittmusterteil auf den Stoff aufgelegt werden muss.

Fat Quarter

Ein fertig zugeschnittenes Stück Stoff für Patchworkarbeiten. Der Begriff stammt aus Amerika und misst ein Viertel eines Yards. Das entspricht etwa einer Größe von 45 × 55 cm. Angaben zum Stoffverbrauch finden Sie in den Anleitungen zu den einzelnen Modellen.

Kettfäden

In gewebten Stoffen die Fäden, die in Längsrichtung, also parallel zu den Webkanten verlaufen.

Knips

Eine meist dreieckige Markierung am Rand eines Schnittmusters. Dient als Passmarke und zeigt an, wo eine (ebenfalls mit einem Knips markierte) Stelle eines anderen Schnittmusterteils angelegt werden muss.

Knopfschlaufe

Eine Schlaufe für einen Knopfverschluss, die aus einem schmalen Schrägstreifen genäht wird.

Kräuseln

Zusammenraffen von Stoff, um Weite einzuhalten oder um eine Rüsche zu erhalten.

Linke Seite

Die Rückseite eines Stoffs, die beim fertigen Modell innen liegt.

Naht

Verbindung zweier Stoffe, meist an ihren Kanten.

Nahtzugabe

Der Stoff zwischen der (späteren) Nahtlinie und der Schnittkante des Stoffs.

Overlocker

Eine spezielle Maschine, die Stoffkanten in einem Arbeitsgang versäubert und gerade abschneidet.

Rechte Stoffseite

Die Stoffseite, die beim fertigen Modell außen liegt.

Rechts auf rechts

Normalerweise werden zum Nähen zwei Stoffteile mit ihren rechten Seiten aufeinandergelegt, damit anschließend die Nahtzugaben innen (auf der linken Seite des Kleidungsstücks) liegen.

Rechts-Links-Naht

Eine doppelte Naht. Zuerst wird links auf links genäht, dann rechts auf rechts. Die unversäuberten Nahtzugaben der ersten Naht verschwinden in der zweiten.

Rundungen einschneiden

Bei gerundeten Nähten müssen nach dem Nähen die Nahtzugaben eingeschnitten oder eingekerbt werden, damit sie nach dem Wenden glatt liegen und sich nicht wellen oder wulstig abzeichnen.

Saum

Eingeschlagene Unterkante eines Kleidungsstücks, die mit der Maschine oder von Hand festgenäht werden kann.

Schnittkante

Die unversäuberte Kante eines zugeschnittenen Teils.

Schräg zum Fadenlauf

Stoff, der im Winkel von 45° zur Webkante zugeschnitten ist. Gewebter Stoff ist etwas dehnbar, wenn er schräg zum Fadenlauf zugeschnitten wird.

Schussfäden

In gewebten Stoffen die Fäden, die in Querrichtung, also zwischen den Webkanten verlaufen.

Stoffbruch

Bei symmetrischen Schnittmusterteilen zeigt eine Markierung an, welche Kante bei doppelt liegendem Stoff an der Faltkante angelegt werden muss.

Strich

Die weichen, aufrecht stehenden Fasern (Flor) auf der Oberfläche von Cord und Samt haben eine klar erkennbare Strichrichtung. Diese muss beim Zuschnitt berücksichtigt werden, damit sie bei allen Teilen in derselben Richtung verläuft

Verarbeitung

Für eine gute Verarbeitung ist technische Genauigkeit hilfreich, aber wichtiger ist es, jede Naht möglichst sofort nach dem Nähen sorgfältig zu bügeln.

Verriegeln

Am Anfang und Ende einer Maschinennaht werden einige Stiche rückwärts und wieder vorwärts genäht, damit der Anfangsfaden nicht so leicht aufgeht.

Webkanten

Die festen Längskanten des Stoffs, die nicht ausfransen.

Zickzackstich

Ein Maschinenstich, bei dem sich die Nadel nicht nur auf und ab, sondern auch hin- und herbewegt. Kann zum Versäubern von Schnittkanten oder für dehnbare Nähte verwendet werden.

Register

Adressen

Kaufen Sie Stoffe möglichst im Fachhandel vor Ort ein, da können Sie alles anfassen und die Farbtreue kontrollieren. Hier außerdem ein paar Tipps für interessante Onlineshops.

MEINE STOFFE FINDEN SIE HIER:
www.wildthingsdresses.com

ANDERE TOLLE STOFFE GIBT ES HIER
Happy Textiles: www.happytextiles.de
Quiltmaus: www.quiltmaus.de
Stoff & Stil: www.stoffundstil.de
Stoffe.de: www.stoffe.de

ZUBEHÖR
Brother: www.brothersewing.de
Buttinette: www.buttinette.de
Etsy: www.etsy.de

Dank

Vielen Dank an Clare Hulton, die an meine Idee geglaubt und mich mit Amanda Harris, Jillian Young und ihrem tollen Team bei Orion Publishing bekannt gemacht hat. Danke an Gemma Wilson und Kuo Kang Chen, die mit dem Layout und den Illustrationen zum Gelingen des Projekts beigetragen haben. Danke an Kat Goldin, die mich auf die Idee brachte, ein Buch zu schreiben, an Will Shaddock und Jenny Murdoch für die fantastischen Fotos und das geschmackvolle Styling.

Danke an Linda Young und die Auszubildende Drew, die das Rückgrat der Produktion von Wild Things sind und uns einen Weg in ihre Heimat Schottland geebnet haben. Danke an Michelle und Seema, die tagtäglich den Betrieb in Gang halten, sowie an Maria und Rachel Midgeley und Inge Wolfenden für ihre großartigen Nähkenntnisse. Danke an meine Lieferanten, die mich unterstützt haben, vor allem Debbie Wilson und Lynsey Beaton und Becky bei Peanut und Pip, die wissen, dass man klein anfangen muss, um einmal groß zu werden.

Danke an die engagierten Teams von Notonthehighstreet.com und Etsy, die mir beim Wachsen geholfen haben. Danke an meine Online-Freunde und Mentoren, vor allem die Fotografin Jenni Närväinen.

Danke an meine kleinen Musen Silva und Lila und an die Models Charley, Dio, Llords und Evie.

Besonders danke ich meiner Familie, meiner Mutter Sandra, der Regenbogenbäckerin, die mir mit Engelsgeduld schon früh das Nähen beigebracht hat. Danke an meine Schwestern Cara und Ceri und an Adam, die an mich geglaubt und mich bei Laune gehalten haben.

Danke an meine kreativen Freundinnen in Brinscall, vor allem an Hayley und Sorrel für ihren herrlich traditionellen Stil. An Kirsty, die uns ihre tollen Kinder als Models ausgeliehen hat. An Katie und Karl, Caroline und Paul für geduldige Unterstützung, an Alex und Lisa für Stoffkaufsamstage mit viel Gekicher und an fleißige Nähstunden vor dem großen Tag.

Und zuletzt Danke an meinen Partner Gary für seine geduldige Unterstützung und dafür, dass er unseren Kindern ein wunderbarer Vater und Geschichtenerzähler ist.

VIELEN DANK AN

Will Shaddock und Jenny Murdoch:
www.willshaddock.co.uk

Jennifer Moore von Monaluna

Natalie von Livie and Luca für Schuhe
www.livieandluca.co.uk

Brother Sewing Machines Europe GmbH – UK Branch
www.brothersewing.co.uk

Gestaltung und Satz Gemma Wilson
Fotos Will Shaddock
Styling Jenny Murdoch
Illustrationen Kuo Kang Chen
Projektbetreuung Jillian Young, Clare Sayer

Für die deutsche Ausgabe:
Programmleitung Monika Schlitzer
Redaktionsleitung Caren Hummel
Projektbetreuung Katharina May
Herstellungsleitung Dorothee Whittaker
Herstellungskoordination Arnika Marx
Herstellung Christine Rühmer
Covergestaltung Melanie Bundschuh

Titel der englischen Originalausgabe:
Wild Things

Übersetzung Wiebke Krabbe
Lektorat Anna Gülicher-Loll

ISBN 978-3-8310-3179-5

Druck und Bindung C&C Offset Printing, China

Besuchen Sie uns im Internet
www.dorlingkindersley.de

Hinweis
Die Informationen und Ratschläge in diesem Buch sind von den
Autoren und vom Verlag sorgfältig erwogen und geprüft, dennoch
kann eine Garantie nicht übernommen werden.
Eine Haftung der Autoren bzw. des Verlags und seiner Beauftragten
für Personen-, Sach- und Vermögensschäden ist ausgeschlossen.

Mehr Inspiration beim Nähen

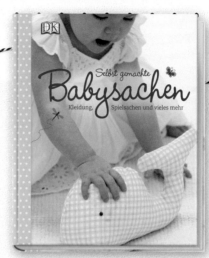

Selbst gemachte Babysachen
€ 16,95 (D)/€ 17,50 (A)
978-3-8310-2550-3

Das Mama-Nähbuch
€ 16,95 (D)/€ 17,50 (A)
978-3-8310-2261-8

Nähen macht glücklich
€ 19,95 (D)/€ 20,60 (A)
978-3-8310-2790-3

Sommeroutfits zum Selbstnähen
€ 14,95 (D)/€ 15,40 (A)
978-3-8310-3032-3

Weitere Nähbücher unter
www.dorlingkindersley.de